ROMPA EL PODER DE LOS ESPÍRITUS FAMILIARES

KIMBERLY DANIELS

CASA
CREACIÓN

Las citas de la Escritura marcadas (DHH) corresponden a la Santa Biblia, *Dios habla hoy*®, Tercera edición © Sociedades Bíblicas Unidas, 1966, 1970, 1979, 1983, 1996. Usada con permiso.

Traducido por: www.pica6.com (con la colaboración de Salvador Eguiarte D.G.)
Director de Diseño: Justin Evans
Diseño de portada: Vincent Pirozzi

Originally published in the U.S.A. under the title:
Breaking the Power of Familiar Spirits
Published by Charisma House,
A Charisma Media Company,
Lake Mary, FL 32746 USA
Copyright © 2018
All rights reserved

Visite la página web de la autora: www.kimberlydaniels.net

Copyright © 2018 por Casa Creación
Todos los derechos reservados

Library of Congress Control Number: 2018948106
ISBN: 978-1-62999-391-1
E-book: 978-1-62999-392-8

CONTENIDO

Introducción: Cuando lo familiar
se convierte en el enemigo.................... vii

PARTE I: CÓMO OPERAN LOS ESPÍRITUS FAMILIARES

1 Lazos del alma (el plano mental)................. 3
2 Los aguijones en la carne (el plano de la carne)...... 15
3 La guerra territorial (el plano de la tierra).......... 25

PARTE II: CÓMO EXPONER A LOS ESPÍRITUS FAMILIARES EN ACCIÓN

4 Familiaridad de género 33
5 Gobernadores de las tinieblas.................... 47
6 Nación diva 69
7 Virtud falsificada 77
8 El lado oscuro 91
9 Espíritus familiares bíblicos 99
10 La doble porción demoniaca.................... 105
11 Espíritus familiares de terrorismo............... 113
12 Maldiciones activadas por el tiempo.............. 127
13 Demonios de la familia 139
14 El poder de las supersticiones.................. 145
15 ¿Cuál es su signo?........................... 157
16 Guerra subliminal............................ 173
17 El poder del ayuno........................... 189
Conclusión: Autoliberación...................... 195
Notas 205

CUANDO LO FAMILIAR SE CONVIERTE EN EL ENEMIGO

NUESTRA SOCIEDAD PROVOCA que muchos, subliminalmente y sin saberlo, operen bajo la influencia de espíritus familiares. Este libro expone a los espíritus que operan encubiertos en el nombre de la tradición, tendencias, moda, estilo de vida y rasgos de personalidad. Después de leer los capítulos de este libro, la única manera en que usted puede permanecer atado subliminalmente por lo familiar es si usted quiere.

No estoy escribiendo este libro para juzgar la fe de las personas o la manera en que han escogido vivir. Mi propósito es brindarle revelación a los que quieren conocer la verdad. A lo largo del libro voy a compartir varias historias acerca de manifestaciones dramáticas que he experimentado (todas las historias son verdaderas). Quizá usted nunca experimente algo tan dramático; de hecho, mi oración es que no le suceda. Pero la influencia sutil, escondida, familiar del enemigo puede ser perjudicial porque puede pasar sin ser detectado en su vida durante años, y, por lo tanto, es probable que usted nunca haga nada para removerlo.

A lo largo de los años, he ministrado a las personas en ambos extremos del espectro y de todo lo de en medio. He ministrado a los que tienen cantidades extremas de actividad demoniaca en su vida y también a los que solamente tienen actividad demoniaca subliminal de la que ni siquiera están al tanto. ¡Personalmente, pienso que las personas con actividad demoniaca extrema están mejor porque por lo menos saben que necesitan ayuda!

El enemigo envía asignaciones encubiertas (*pareisduno*, Judas 1:4). Estas son cosas que se infiltran en nuestras vidas sin aviso. Da la idea de que se están «están escurriendo por una puerta lateral». Si se los permite, se establecerán en su ambiente inadvertidamente y con el tiempo podrían desviarlo de llegar a ser todo lo que Dios desea que usted sea.

El propósito de este libro es ayudar a aquellos que, sin saberlo, han permitido influencias demoniacas en su vida. Sea que usted lo haya heredado, les haya dado la bienvenida, se haya hecho su amigo o les haya hecho un homenaje sin siquiera saber que eso sucedió, se han vuelto tan familiares para usted que no los ve como la fuente de las luchas o de los problemas que ha estado enfrentando.

Hay muchas razones por las que la gente pasa por batallas en su vida que están conectadas espiritualmente con el lado oscuro. Este libro trae luz sobre esas cosas que se han infiltrado encubiertamente y que se nos han hecho tan familiares que no reconocemos que son puntos de acceso para el enemigo a nuestra vida y nuestro hogar.

En el libro de Jueces, Sísara era el comandante del ejército cananeo que se había movilizado contra Israel, cuyo ejército estaba comandado por Débora, la profetisa, y Barac. Sísara trató de esconderse en casa de Jael, pero ella en lugar de ocultarlo; se deshizo de él. Jael tenía una estaca en una mano y un mazo en la otra, y cuando Sísara se quedó dormido, le atravesó la cabeza con la estaca (lea Jueces 4).

Todos oran por la unción de Débora, pero yo digo que es tiempo de orar por la unción de Jael. Ella no fue una juez o una líder nacional como Débora. Jael era una ama de casa. Con frecuencia le pedimos a Dios que nos dé un ministerio mundial porque queremos alcanzar a las naciones, pero Dios quiere que matemos al enemigo que se está tratando de esconder en nuestros hogares. Cuando se trata del enemigo, es tiempo de dejar de ocultarlo y comenzar a deshacernos de él.

Jael atravesó la cabeza del enemigo con la estaca porque la batalla es en la mente. A medida que usted lea este libro, va a necesitar orar y pedirle a Dios que proteja su mente. Venga en contra de cualquier espíritu que ate o ciegue la mente, que pudiera tratar de controlar sus pensamientos. Mi oración es que usted sea el que tenga oídos para escuchar lo que el Espíritu del Señor está diciendo y que a través de este libro descubra las maneras ocultas en las que se le ha permitido al enemigo a residir en su hogar, provocando obstáculos y caos en la vida de los miembros de su familia.

¿Qué es un espíritu familiar?

Al navegar por la internet para encontrar una definición bíblica de «espíritu familiar», no pude encontrar nada que estuviera de acuerdo con mi espíritu. Una rápida búsqueda en Google va a arrojar definiciones relacionadas con médiums y hechiceros que invocan espíritus de personas muertas. Algunas fuentes dicen que «familiar» proviene de la palabra latina *familiaris*, que significa: sirviente doméstico, y la idea detrás del término espíritus familiares es que los hechiceros y los médiums pueden invocar a estos sirvientes demoniacos obedientes con una orden.[1]

Otras definiciones dicen que los espíritus invocados por los médiums son «familiares» porque las personas los reconocen como la persona que solía estar viva, alguien que les es familiar.[2] Creo que estas son parte de la definición de «espíritus familiares», pero no abarcan todo el espectro de lo que está involucrado en este tema.

Un espíritu familiar es un tipo específico de espíritu maligno, identificado por su característica principal: familiaridad.

En mi libro, *El diccionario sobre los demonios*, explico que «hay dos tipos de espíritus familiares: 1) un demonio familiar o una maldición sobre el linaje; también, un espíritu asociado que se vuelve demasiado común para una persona, lugar o cosa; 2) brujería que obra a través de la adivinación. Este espíritu obra a través de médiums y opera como un Espíritu Santo falso».[3]

En pocas palabras, creo que un espíritu familiar es cualquier asignación demoniaca que sondea y estudia a personas, territorios y linajes familiares. La meta de la asignación de estos espíritus es recabar inteligencia espiritual que abra puertas a instigar muerte y destrucción. Entran y obtienen poder en la vida de las personas por medio de disfrazarse de algo común (familiar) al mismo tiempo de operar encubiertamente a través de personas, lugares y cosas.

Los espíritus familiares operan en una manera doble. Operan por medio de lo «extremadamente conocido» y lo «extremadamente desconocido». Con eso quiero decir que se le adhieren por medio de algo o alguien que le es extremadamente familiar o con quien se siente extremadamente cómodo, pero, mientras tanto, su orden del día le es desconocido. Una persona puede voluntariamente formar una relación con un espíritu familiar a menudo simplemente a través de la ignorancia (sin darse cuenta). Eso es porque el engaño siempre es parte de la ecuación. Cuando alguien con un espíritu familiar no cae en cuenta de que ha formado una relación con una entidad espiritual, puede suponer que sus experiencias provienen de su propia imaginación. Un cristiano con un espíritu familiar podría pensar que se ha conectado con Dios en el plano espiritual, pero está engañado; no porque esté buscando algo demoniaco, sino porque está buscando algo santo en la manera equivocada (por medio de su mente en lugar de su espíritu).

Por eso, es crucial conocer qué está invitando a su hogar y a su corazón. Levítico 10:10–11 instruye a los levitas a enseñarle a la gente la diferencia entre lo santo y lo común. Puesto en términos sencillos, la santidad es lo que ha sido consagrado o separado para Dios. En la sociedad en la que vivimos actualmente, la santidad es poco usual; se destaca como algo diferente y raro. El Nuevo Testamento lo dice de esta manera:

> Entrad por la puerta estrecha; porque ancha es la puerta, y espacioso el camino que lleva a la perdición, y muchos son los que entran por ella; porque estrecha es la puerta, y angosto el camino que lleva a la vida, y pocos son los que la hallan.
>
> —Mateo 7:13–14

Por otro lado, la definición de *común* es algo que todos hacen con una ocurrencia regular hasta el punto en que es socialmente aceptable. Es algo familiar. El camino de lo familiar es popular: la última moda, el barco de lo políticamente correcto o algo que todos hacen y nunca cuestionan. Su poder está en la oscuridad, el engaño y en lo escondido.

¿Los espíritus familiares se pueden transferir?

Los espíritus familiares se pueden transferir (transmitirse o pasarse) en tres maneras básicas:

- De persona a persona.
- De los objetos a la persona.
- De los lugares a la persona.

La rebelión y la desobediencia son dos de las maneras más comunes en las que la gente abre puertas a los espíritus para que les sean transferidos.

Nuevamente, los espíritus familiares operan a través de personas, lugares o cosas. En otras palabras, el enemigo va a usar a cualquier persona, objeto o territorio que tenga accesible o disponible para operar a través de ellos. Una vez que las cosas son transmitidas, tienen la oportunidad de ser recibidas. Una vez que son recibidas, el enemigo ha obtenido acceso o espacio.

Si usted ha escuchado alguna enseñanza sobre los espíritus demoniacos, quizá reconozca que es la misma manera en que opera la idolatría: por medio de personas, lugares y cosas. Por lo tanto, es seguro decir que los espíritus familiares van de la mano con la idolatría (voy a hablar más acerca de la idolatría más adelante).

El peligro de las zonas grises

Proverbios 20:27 dice: «Lámpara de Jehová es el espíritu del hombre, la cual escudriña lo más profundo del corazón». Lucas 11:35 nos advierte que tengamos cuidado de que la luz en nosotros no sea tinieblas. Durante un tiempo después de leer este versículo, me pregunté qué quería decir Dios cuando dijo que la luz en nosotros podía ser tinieblas. A medida que fui creciendo en el Señor, recibí un mejor entendimiento. La mayor oscuridad no es la intensa negrura, sino el gris. Son las áreas grises de la vida que hacen tropezar a muchos cristianos. Las siguientes escrituras pueden darnos un mayor entendimiento de estas zonas grises.

> ✦ La lámpara del cuerpo es el ojo; cuando tu ojo
> es bueno, también todo tu cuerpo está lleno de
> luz; pero cuando tu ojo es maligno, también tu
> cuerpo está en tinieblas (Lucas 11:34). La palabra
> original griega para tinieblas usada en este pa-
> saje es *skoteinos*, que significa: opaco o no trans-
> parente; en otras palabras, es lleno de tinieblas
> hasta el punto en el que uno no puede ver la
> verdad incluso aunque quiera.

+ «Mira pues, no suceda que la luz que en ti hay, sea tinieblas» (Lucas 11:35). En este pasaje la palabra griega traducida como «tinieblas», *skotos*, significa: opacidad, como alguien que es un mentiroso o un estafador.

+ «La luz en las tinieblas resplandece, y las tinieblas no prevalecieron contra ella» (Juan 1:5). Juan está hablando de *skotia*: tinieblas opacas, oscuras que son tibias, insípidas, haciendo que uno no pueda distinguirlas.

Los tres tipos de tinieblas obtienen su poder no de la negra oscuridad, sino de la falta de claridad. *Skoteinos* muestra la oscuridad de la ignorancia, *skotos* muestra la oscuridad de tener falta de integridad y *skotia* muestra la oscuridad de no estar completamente entregado a Dios.

En el libro de Apocalipsis, Dios dice que prefiere que seamos calientes o fríos en nuestro caminar con Él (3:16). Tan difícil como pueda sonar, Dios respeta la oscuridad total o la luz total, nada en medio. No respeta las zonas grises de nuestras excusas. Los que pasan el tiempo en la cerca entre el camino estrecho y el camino ancho deben saber que la cerca está puesta del lado del camino espacioso y que también serán consumidos por el fuego.

Hasta el momento les he estado hablando a los creyentes. Si está leyendo este libro y no ha aceptado a Jesucristo como su Señor personal y Salvador, pero le gustaría hacerlo ahora, vamos a tomar un minuto para hablar con el Señor. Haga esta oración conmigo:

> *Padre Dios, en el nombre de Jesús, te acepto en mi corazón. Creo que moriste por mis pecados. Renuncio a todo espíritu familiar e ídolo que ha ocupado un lugar en mi vida que tú debas ocupar.*

ROMPA EL PODER DE LOS ESPÍRITUS FAMILIARES

> *Renuncio a mi carne, al diablo y al mundo. Satanás, tus artimañas y estratagemas ya no gobernarán sobre mi cabeza. Confieso mis pecados, Señor, y te pido que me perdones. Cada cautiverio que ha agarrado mi alma hasta este punto en mi vida está sobre aviso: Jesús es ahora el Señor de mi vida. Me someto para ser liberado y llenado del Espíritu Santo y aprender los principios de Dios para que pueda agradarlo. Amén.*

Romanos 8:16 dice que el Espíritu mismo da testimonio a su espíritu de que usted es hijo de Dios. Su hombre espiritual es nacido de nuevo cuando usted acepta a Dios en su vida. Su cuerpo y su alma se pondrán al día porque una vez que usted se une al Señor en su espíritu, usted se vuelve uno con Él.

Mi oración es que este libro le cierre los ojos a lo natural y se los abra a lo sobrenatural. A medida que caminamos juntos, permita que Dios lo coloque en una posición para recibir el mensaje de este libro para que ya no ande por vista, sino que más bien ande por fe (2 Corintios 5:7).

El apóstol Pablo lo describe mejor:

> Pero el hombre natural no percibe las cosas que son del Espíritu de Dios, porque para él son locura, y no las puede entender, porque se han de discernir espiritualmente.
>
> —1 Corintios 2:14

Escribí la introducción de este libro para hacer barbecho, de modo que no se pierda el mensaje del contenido que sigue. Si usted ya se está sintiendo incómodo, no está listo para el contenido de estas páginas. ¡Sería mejor que cerrara el libro ahora! Pero para aquellos que decidan caminar conmigo por el resto de este libro, les esperan oración y liberación.

Invito al Espíritu Santo a venir ahora y hacer brillar su luz sobre su vida a medida que avanzamos a lo largo del contenido de este libro, exponiendo y derribando «argumentos y toda altivez que se levanta contra el conocimiento de Dios, y llevando cautivo todo pensamiento a la obediencia a Cristo» (2 Corintios 10:5).

PARTE I

CÓMO OPERAN LOS ESPÍRITUS FAMILIARES

CAPÍTULO I

LAZOS DEL ALMA
(EL PLANO MENTAL)

A MEDIDA QUE LEA este libro, las palabras en él pueden salvar su alma literalmente! ¿Qué quiero decir con eso? Hay muchos motivos, agendas y propósitos en el mundo actualmente, pero la agenda final conclusiva del diablo y sus fuerzas es poseer su alma eternamente. Los espíritus familiares son asignados contra las almas de los hombres para desviarlos de la ruta al cielo. Por eso, es pertinente entender los tres planos en los que operan:

+ El plano mental: lazos del alma.
+ El plano de la carne: los aguijones de la carne.
+ El plano terrenal: batallas territoriales.

Me voy a adentrar más en el plano de la carne y en el plano terrenal en los capítulos siguientes. El propósito de este capítulo es explicar cómo los espíritus familiares operan en el plano mental, también conocido como el alma. Como he enseñado muchas veces, somos espíritus que viven en cuerpos y que poseen alma. Nuestro cuerpo físico nos mantiene conectados con la Tierra. Sin cuerpo, nuestro espíritu flotaría en el aire como globo. Para el propósito de este libro me voy a referir al espíritu humano como «el hombre espiritual».

Eclesiastés 12:7 dice que cuando morimos, el polvo (el cuerpo) vuelve a la tierra y el espíritu regresa a Dios que lo dio. Esto no significa necesariamente al cielo, pero sí a Dios. El espíritu regresa a Dios para juicio, quien determina si pasará la eternidad en el cielo o en el infierno. La composición trina del hombre un día será separada. El cuerpo volverá al polvo y el espíritu con el alma (mente) pasará a la eternidad en alguna parte.

> Y el mismo Dios de paz os santifique por completo; y todo vuestro ser, *espíritu, alma y cuerpo*, sea guardado irreprensible para la venida de nuestro Señor Jesucristo.
> —1 TESALONICENSES 5:23

Pablo es muy claro al decir que oraba a Dios para que santificara por completo a las personas por las que estaba orando: en espíritu, alma y cuerpo. Esto significa que Dios quiere que seamos íntegros en toda nuestra constitución. Una importante asignación demoniaca contra la gente son los lazos del alma, que yo siempre digo que se relacionan con «viejos vínculos».

¿QUÉ SON LOS LAZOS DEL ALMA?

Un lazo del alma es un vínculo entre dos personas en el plano espiritual. Las relaciones íntimas como el matrimonio, las amistades cercanas y los encuentros sexuales generan lazos del alma. El vínculo o lazo del alma generado a través de estas relaciones puede continuar después de que la relación termina y puede tener ya sea efectos positivos o negativos.

Algunos no creen que los hombres puedan ser atados en el alma, pero la prueba es 1 Samuel 18:1. La Biblia dice: «El alma de Jonatán quedó ligada con la de David». Dice que Jonatán amaba a David como a sí mismo. La Biblia no da referencia de esto como algo bueno o malo, es solo un dato. Esta palabra en particular traducida como «alma» es *nephesh*, y se relaciona con pasiones, apetitos o con el asiento de las emociones de un hombre.

Usted puede tener lazos del alma con personas, pero también puede tener lazos del alma con iglesias y ministerios. Estos es lo que sucede en las sectas, pero al parecer también puede suceder en iglesias al parecer saludables que son de hecho abusivas. El abuso espiritual es el tipo de abuso más fuerte que uno pueda sufrir. La gente no puede avanzar espiritualmente porque quieren volver a ese viejo ministerio, aunque saben que no es santo o que no es saludable. Han experimentado tanto abuso que es difícil seguir adelante y dejarlo atrás.

Incluso puede tener lazos del alma con adicciones del pasado. Durante años, después de haber sido salva, Dios no me permitía ir a Tallahassee y Fort Lauderdale, incluso cuando comencé a predicar debido a mi adicción a la cocaína durante el tiempo en que había vivido allí. No podía ir a esos lugares por todos los residuos de las fortalezas en esas áreas. Como nueva cristiana que acababa de ser liberada de la adicción, podía ver pipas flotando en el aire y escuchar una voz susurrando: «¿No lo quieres?». Y yo tenía que decir: «No, soy una nueva criatura en Cristo Jesús».

Sea con una persona, un grupo, un ministerio o una adicción, un lazo del alma es una fortaleza.

SEÑALES DE UN LAZO DEL ALMA POCO SALUDABLE

Hay algunas señales reveladoras de que se encuentra en un vínculo poco saludable con otra persona. Esta lista no es exhaustiva. Fue creada para darle algunos ejemplos.

- No puede dejar de pensar en alguien o incluso revisar su actividad en las redes sociales; a pesar de tener una nueva relación.

- Se queda con alguien incluso si esa persona es abusiva o la relación no es saludable.

- Siente compasión por la otra persona e inventa excusas por ella.

- No puede mantener el rompimiento con esa persona, y sigue volviendo a él o ella.

- Tiene problemas para tener una relación con alguien más.

- A menudo sueña con la persona; él o ella está subliminalmente en su vida por medio de sueños y la meditación.

- Siempre está basando las nuevas relaciones sobre lo que sucedió en el pasado; la nueva persona en su vida tiene que tratar con el bagaje que dejó la persona anterior.

- Siempre está comparando a cualquier persona nueva con la persona anterior.

Para decirlo en una manera sencilla, los lazos del alma siempre van a hacerlo querer ver hacia atrás, como la esposa de Lot cuando estaban saliendo de Sodoma (lea Génesis 19). La Escritura no nos da muchos detalles acerca de la esposa de Lot, pero lo que sí nos dice es de gran importancia. De hecho, es tan importante que Jesús mismo nos exhorta: «Acordaos de la mujer de Lot» (Lucas 17:32). Él quiere que entendamos que el poder de un lazo del alma puede traer muerte.

Si usted recuerda la Escritura, Dios envió dos ángeles para librar a Lot y a su familia del juicio que estaba por caer en la ciudad infame de Sodoma. No obstante, a medida que los ángeles de Dios los estaban guiando a un lugar seguro, los poderosos lazos del alma provocaron que la esposa de Lot volteara con anhelo por los placeres pecaminosos y malvados de la ciudad de Sodoma. Cuando ignoró las palabras de los ángeles que les dijeron: «Escapa por tu vida; no mires tras ti, ni pares en toda esta llanura; escapa al monte, no sea que perezcas» (Génesis 19:17), ella se volvió estatua de sal. Se convirtió en un monumento eterno para los que ven hacia atrás a causa de sus lazos del alma en lugar de oír la voz de Dios. Ver hacia atrás es lo opuesto de avanzar. La única manera de avanzar es ver hacia adelante con fe en lo que Dios le ha prometido.

Personalmente, no me gustaría estar unida en el alma con nadie. Yo reservo ese asiento de mis emociones para Dios. Marcos 10:8 dice que incluso en el matrimonio los dos serán una sola carne (no una sola alma). Cuando fuimos salvos le dimos nuestra alma solo a Dios, pero los lazos del alma existen. Los lazos del alma y los lazos antiguos deben ser rotos.

CÓMO ROMPER UN LAZO DEL ALMA

1. Separación física. Tiene que alejarse de esa persona (o de esa iglesia, de esa adicción, etc.). Tiene que salir físicamente de la situación antes de ser sanado y liberado. Determine que no volverá a lugares ni hará las cosas que usted asocia con esa fortaleza. Desconéctese de la gente, los lugares y las cosas conectadas a esa persona. Eso quizá incluya los amigos de esa persona o las cosas que esa persona le haya dado. Si ciertas personas siempre están hablando de esa otra, usted quizá necesita encontrar nuevos amigos. Si algo le recuerda a esa persona, Dios podría guiarlo a deshacerse de ello. Incluso podría tener que mudarse si Dios lo guía a hacerlo. Tenga cuidado con los lugares de esa fortaleza

hasta que Dios lo haga fuerte por medio de la liberación y la sanidad interior.

2. Busque que se le ministre sanidad interior y liberación. Este proceso puede incluir pedir perdón, perdonar a otros y renunciar al pasado. No recomiendo hacerlo solo. Necesita un buen ministro de liberación y sanidad interior para guiarlo en el camino a la sanidad según el Señor lo conduzca.

3. Llene ese vacío en el interior con Dios. Solo Él puede llenar ese lugar vacío. No trate de llenarlo con otro novio, esposo, relación, pastor o iglesia. Permita que ese agujero sea llenado con Dios; con la Palabra de Dios y con comunión con Dios.

Esos tres pasos son la manera de romper y ser libre de los lazos del alma. Pero déjeme añadir dos cosas que recordar a medida que tenga victorias.

1. Tenga cuidado con la magia compasiva, una herramienta del enemigo para hacerlo volver a esa fortaleza una vez que usted ha sido liberado. La magia compasiva es cuando el enemigo le recuerda los buenos momentos o lo hace sentir lástima por esa persona. El enemigo no le traerá a la mente el aspecto oscuro de las cosas. Va a aprovecharse de sus emociones y simpatías. Quiere que usted se enfoque en lo que extraña de esa persona, pero usted tiene que recordar lo malo que era. Usted tiene que recordar lo que le costó. Ensáyelo en su mente. Dígalo en voz alta:

«Recuerdo el precio. Estoy contento de tener dinero en mis bolsillos ahora, porque no me lo he gastado todo en drogas o alcohol». Dígase a sí mismo: «No, no lo extraño. Yo recuerdo las partes feas». Siga confesando su libertad. Esa es la manera de contraatacar al enemigo. Si es mujer, Él va a hacer que usted recuerde cuando esa persona le trajo flores. Pero tiene que recordar que antes de que esas flores se marchitaran, ya la estaba maldiciendo, insultándola y amenazándola.

2. Espere hasta ser sanado y lleno de Dios antes de continuar con una nueva relación. Si no, va a ir de un lazo del alma en otro, tratando de llenar con alguien más el lugar que solo Dios puede llenar. Es muy peligroso llenar el espacio de Dios con una relación que produce un lazo del alma. Para evitar esto, tome tiempo para sanar verdaderamente y ser restaurado en Él. Entonces se podrá conectar con otros y tener relaciones saludables.

Cuando usted tiene un lazo del alma con alguien de su pasado, esa persona está ocupando espacio en su alma y no hay lugar para nadie más. Es como tratar de meter muebles nuevos en la casa sin sacar los muebles viejos primero. Necesita poner a un lado los lazos antiguos y los lazos del alma y luego rehusarse a volver a las cosas que ingeniosamente lo enredan. Échele una mirada a Hebreos 12:1:

> Por tanto, nosotros también, teniendo en derredor nuestro tan grande nube de testigos, despojémonos de todo peso y del pecado que nos asedia, y corramos con paciencia la carrera que tenemos por delante.

Hay varias instrucciones importantes en este versículo para romper lazos del alma y mantener su liberación de ellos: 1) su testimonio es importante para su liberación; 2) debe despojarse de todo lo que lo hace caer; 3) debe guardar su corazón de volver a enredarse con las cosas de las que ha sido liberado; y 4) debe andar en su liberación con paciencia, perseverancia, consistencia, firmeza y persistencia.

Yugo desigual

El peor lazo del alma es un yugo desigual. El yugo desigual es estar conectado con personas que no son creyentes; aun y cuando profesen ser creyentes. Operan bajo un espíritu de religión en lugar de bajo el Espíritu Santo. De hecho, el mayor espíritu familiar es el espíritu de religión. La iglesia está llena de personas que operan bajo un espíritu de religión. Andan por ahí haciendo cosas en el nombre de Jesús cuando de hecho no están en yugo con Él. Uno incluso puede estar en yugo igual con alguien, y el enemigo todavía puede venir como un río. Yo experimenté esto en mi propia vida.

Discernimos un lazo del alma desigual por medio de ser lleno del Espíritu y ser guiados por Él. La Biblia dice que nos conocemos unos a otros por el fruto que damos (Mateo 7:16). Así es como usted sabe si alguien es de Dios. Así es como usted sabe si está en un yugo igual. ¿Qué tipo de fruto está siendo producido por la relación?

Cuando estamos en la iglesia, tendemos a pensar que estamos a salvo, así que bajamos la guardia. Dejamos nuestro bolso por allí y no vigilamos nuestra cartera. Somos succionados a todo tipo de cosas que no son de Dios. Solo porque alguien tiene una iglesia no significa que usted deba estar en esa iglesia. Usted puede tener un yugo desigual con una iglesia. Es importante saber que Dios tiene un lugar llamado «allí» para cada uno de nosotros. Tenemos que dejar que Dios guíe nuestros pasos para que no entremos en relaciones equivocadas.

Dios nos está llamando a ser guiados por el Espíritu. Queremos ser llenos del Espíritu y ponernos gordos como chinches. Pero estar lleno del Espíritu sin ser guiado por el Espíritu es peligroso. Todo se trata de una relación con Él y de conocer su voz y ser guiado por su Espíritu.

Dios está firmemente en contra de que los creyentes estén en yugo desigual (2 Corintios 6:14). Él lo odia todavía más que el divorcio. No me mal entienda; Dios odia el divorcio, pero el primer principio para el matrimonio es que Él odia cuando estamos en yugo desigual.

Estar en yugo igual no significa que usted tiene un matrimonio perfecto. Siempre van a haber problemas en el matrimonio; no hay matrimonios perfectos. Pero la fórmula de Dios para un matrimonio santo es un hombre y una mujer en yugo igual con un orden santo en la casa y roles ordenados en su lugar adecuado en su relación.

Si usted está en yugo desigual en su matrimonio, no le estoy diciendo que el divorcio es su única opción. Al contrario, quiero animarlo a que nunca es demasiado tarde. He visto a Dios salvar matrimonios que parecían sin esperanza. Solo Él puede abrir un camino cuando no lo hay y obrar un milagro. Pero aparte de la intervención divina, un yugo desigual es devastador para los creyentes. Por eso, Dios nos advierte en su contra.

Tener un yugo desigual con personas, lugares y cosas obstaculiza nuestro caminar con Él. Cuando pienso en un yugo, lo relaciono con el yugo de los bueyes. El yugo tiene el propósito de llevar al equipo en la misma dirección. Un yugo desigual es una carga porque son dos personas conectadas viajando en direcciones distintas. El resultado es inevitable; ninguno de ellos avanza porque están unidos en vano, estancados y sin lograr nada.

CUATRO ESTADOS DEL ALMA

A continuación, viene una lista de los estados del alma (mente) que se relacionan con el punto que estoy comunicando:

+ *Dipsuchos*: doble ánimo
+ *Oligopsuchos*: poco ánimo
+ *Sumpsuchos*: estar unido en el alma
+ *Isopsuchos*: mismo ánimo

Todos estos estados tendrán un efecto negativo en una persona excepto *isopsuchos*. Es aceptable tener el mismo ánimo, pero los demás presentan un problema. Déjeme explicar.

Efesios 3:20 dice que Dios «es poderoso para hacer todas las cosas mucho más abundantemente de lo que pedimos o entendemos, según el poder que actúa en nosotros». Ese poder es la fe, y «sin fe es imposible agradar a Dios» (Hebreos 11:6). *Oligopsuchos* (poco ánimo) es enemigo de pensar en grande. ¡Servimos a un Dios grande que hace cosas grandes!

> Aviso de revelación: Muchas personas se esfuerzan por tener éxito en las finanzas, en el ministerio, en los negocios y en otras áreas, pero el éxito máximo en la vida es obtener paz en el alma.

Dios y su Palabra son los guardianes y el ancla de nuestra alma, según 1 Pedro 2:25 y Hebreos 6:19. Nuestras almas no deberían estar enlazadas con nadie más, así que *sumpsuchos* (estar unido en el alma) no es de Dios.

Santiago 1:7–8 dice que: «El hombre de doble ánimo es inconstante en todos sus caminos» y que no puede recibir nada de Dios. Esto es *dipsuchos*, el enemigo de nuestra fe.

Muchas personas se esfuerzan por tener éxito en las finanzas, en el ministerio, en los negocios y en otras áreas, pero el éxito máximo en la vida es obtener paz en el alma. Usted no tendrá reposo al estar unido en el alma con alguien. Perderá sus bendiciones por tener doble ánimo. Y siempre estará afuera viendo hacia adentro considerando decidir tener un solo ánimo.

¿QUÉ ES EL DOBLE ÁNIMO?

El doble ánimo cae bajo el hombre fuerte de la esquizofrenia. Puede provocar que una persona tenga doble corazón, doble lengua y dos caras. El doble ánimo es el enemigo de la palabra de fe. Santiago dice que el hombre de doble ánimo no puede recibir nada de Dios (1:7–8). Por lo tanto, la manifestación de este espíritu son oraciones sin respuesta. El doble ánimo es el Baal-peor (el que abre la puerta) al espíritu de duda.

No se engañe. El diablo desea el control. Él no solo quiere acompañarlo mientras usted toma decisiones; él quiere sentarse en el asiento del conductor de su mente, voluntad, intelecto y emociones. Sus pensamientos le dan acceso al asiento del conductor. Por lo tanto, enviará pensamientos negativos para atacar su mente.

Usted no puede minimizar estos pensamientos o entretenerlos porque esto le da al enemigo espacio para operar. Entre más tiempo se queden los pensamientos, más influencia tendrán. Debe identificarlos y derribarlos (2 Corintios 10:5) para que no haya transmisiones demoniacas en su vida. No va a necesitar ser liberado más tarde de lo que derribe desde el principio.

¿Cómo puede derribar los pensamientos que provienen del enemigo de su alma? Primero, afile su discernimiento por medio de deshacerse de todo cabo suelto y distracciones en su vida. Segundo, pase tiempo en oración y renueve su mente con la Palabra de Dios. Usted y yo debemos renovar nuestra mente en una manera continua con la Palabra de Dios para resistir los ataques del enemigo. Tercero, juzgue cada pensamiento con la Palabra. Si un pensamiento no se alinea con lo que dice la Palabra de Dios acerca de una situación, ¡recházelo! Por último, bloquee todos los puntos de entrada que le dan al enemigo acceso a sus pensamientos.

Oremos.

Padre, te pido que el lector de este libro presente su cuerpo, santo y agradable, que es su culto racional (Romanos 12:1). Declaro que conformarse a este siglo no es una opción, sino que el proceso de renovación de la mente ya ha comenzado. La mente de Cristo es la porción liberada a medida que la Palabra del Señor es recibida con mansedumbre y tiene la habilidad de dar salvación continua y paz en el alma.

Yo corto y escindo todos los lazos, vínculos, ataduras y lazos del alma con el pecado colectivo o personal, arrepintiéndome y renunciando a todo pecado —a todo— por medio de una fe expectante que confía en ti en el nombre de Jesús, y decreto que todas estas oraciones son llevadas a cabo para tu gloria, Padre. Amén.

CAPÍTULO 2

LOS AGUIJONES EN LA CARNE (EL PLANO DE LA CARNE)

E L SEGUNDO PLANO que estamos considerando a medida que estudiamos los espíritus familiares es el plano de la carne. Si el diablo puede secuestrar su mente (su alma), su carne será lo siguiente. Es importante notar que los demonios se manifiestan *mejor* a través de la carne. Piense en la relación poco santa entre David y Saúl. Un espíritu familiar carnal provocaba que Saúl quisiera matar a David. Saúl comenzaba queriendo controlar y dominar a David por celos, y cuando eso no funcionaba el espíritu carnal convertía la naturaleza humana de Saúl en el peor tipo de violencia. Compare eso con el lazo del alma entre Jonatán y David: «Aconteció que cuando él hubo acabado de hablar con Saúl, el alma de Jonatán quedó ligada con la de David, y lo amó Jonatán como a sí mismo» (1 Samuel 18:1). De hecho, fue esta relación saludable que lazó sus almas entre David y Jonatán lo que provocó que se manifestara el lazo del alma poco sano de Saúl.

Para propósitos de esta enseñanza quiero hacer una diferencia entre la carne como naturaleza humana y la carne como el cuerpo en el que vive el hombre espiritual. Para entender esto, primero debemos caer en cuenta de que hay dos palabras distintas que se traducen como «carne» en nuestra Biblia, *sarx* y *soma*.

Sarx: naturaleza humana

- Gálatas 3:3 pregunta: «¿Tan necios sois? ¿Habiendo comenzado por el Espíritu, ahora vais a acabar por la carne [sarx]?».

- Gálatas 5:17 dice: «Porque el deseo de la carne [*sarx*] es contra el Espíritu, y el del Espíritu es contra la carne [*sarx*]...».

- Gálatas 5:19 dice: «Y manifiestas son las obras de la carne [*sarx*], que son: adulterio, fornicación, inmundicia, lascivia».

Soma: el cuerpo físico

- Mateo 6:22 dice: «La lámpara del cuerpo [*soma*] es el ojo; así que, si tu ojo es bueno, todo tu cuerpo estará lleno de luz».

- Mateo 10:28 nos dice: «Y no temáis a los que matan el cuerpo [*soma*], mas el alma no pueden matar; temed más bien a aquel que puede destruir el alma y el cuerpo [soma] en el infierno».

Hay una diferencia entre el cuerpo (*soma*) y la carne (*sarx*). La palabra «carne» traducida a partir de *soma* es el cuerpo físico o la casa en la que el hombre espiritual vive. La palabra «carne» traducida a partir de *sarx* es la naturaleza humana, o la naturaleza pecaminosa del hombre.

Creo que la naturaleza pecaminosa, o el «espíritu de la carne», nació en Génesis capítulo 3. Echemos un vistazo.

> Pero la serpiente era *astuta*, más que todos los animales del campo que Jehová Dios había hecho; la cual dijo a la mujer: ¿Conque Dios os ha dicho: No comáis de todo árbol del huerto?

Y la mujer respondió a la serpiente: Del fruto de los árboles del huerto podemos comer; pero del fruto del árbol que está en medio del huerto dijo Dios: No comeréis de él, ni le tocaréis, para que no muráis.

Entonces la serpiente dijo a la mujer: No moriréis; sino que sabe Dios que el día que comáis de él, serán abiertos vuestros ojos, y seréis como Dios, sabiendo el bien y el mal.

Y vio la mujer que el árbol era bueno para comer, y que era agradable a los ojos, y árbol codiciable para alcanzar la sabiduría; y tomó de su fruto, y comió; y dio también a su marido, el cual comió así como ella.

Entonces fueron abiertos los ojos de ambos, y conocieron que estaban desnudos; entonces cosieron hojas de higuera, y se hicieron delantales.

—Génesis 3:1–7, énfasis añadido

Hay mucho de qué hablar en este pasaje, algo de lo cual he hablado en mis otros libros como *¡Devuélvelo!*[1] Pero para un entendimiento sobre cómo operan los espíritus familiares en la carne, echemos un vistazo al significado de la palabra «astuta» (v. 1). Creo que es interesante notar que «astuta» es la traducción de la palabra *aruwm*, que está cercanamente relacionada con la palabra hebrea *arowm*:

+ *Aruwm*: ser astuto, artero y prudente

+ *Arowm*: estar desnudo (de *aram*, que significa: estar desnudo hasta el punto de volverse astuto en una manera demoniaca y ser un seductor)

Observe que estas dos palabras muestran que hay una relación entre estar desnudo y ser sabio en una manera demoniaca. La desnudez que vino sobre el hombre y la mujer en su naturaleza pecaminosa no era la desnudez natural en la que Dios los había creado. Esta desnudez estaba bajo la influencia de algo distinto a Dios, y es explicada por la palabra hebrea *aruwm*, que quiere decir: astuto y sutil.

Después de comer el fruto prohibido, Adán y Eva recibieron una revelación del infierno. Observe que no quiero decir que «vieron el infierno», sino que era «proveniente del infierno». Comieron del árbol del conocimiento del bien y el mal. Antes de comer de este árbol, no conocían la existencia del mal porque todo era bueno. Dios les dio la conveniencia de caminar al aire del día con Él, nunca teniendo que considerar el mal o tomar una decisión. Solo tenían que seguir al Espíritu de Dios. Una vez que consideraron el mal, se abrió un plano con la opción de seguir a otro espíritu; discernimiento demoniaco. El discernimiento no provenía de Dios, sino de un tercer ojo en el espíritu. Ahora, Adán y Eva se enfrentaron a tomar decisiones.

He hablado acerca del tercer ojo en muchos de mis libros. Cualquier cosa que la gente vea en el espíritu fuera de Dios es visto a través del tercer ojo que fue abierto en el huerto cuando Adán y Eva comieron el fruto prohibido.

¿QUÉ ES UN TERCER OJO?

Un tercer ojo es una avenida espiritual por medio de la que los adivinadores ven en el plano espiritual. Por medio de infiltración demoniaca, Satanás abre un tercer ojo en el plano espiritual para permitirles ver lo que ellos no pueden ver con sus ojos naturales. En el espíritu, este ojo es colocado en el centro de la frente de la persona; se sabe que algunas brujas y brujos se han tatuado un ojo en la frente. Este ojo está cercanamente relacionado con el ojo que todo lo ve de los billetes de un dólar, que es el mismo ojo de las logias masónicas. En el plano natural algunas personas son consideradas como si tuvieran un sexto sentido o percepción extrasensorial, lo cual es llamado «clarisencia» en el mundo ocultista e indica sensibilidad psíquica (el sentimiento peculiar de que algo está a punto de suceder; una corazonada). Estas representaciones demoniacas de saber son muy engañosas para el usuario. Aunque tengan poder y puedan ver algunas cosas, solo el Dios altísimo es omnisciente. La única manera en que podemos conocer cosas sobrenaturalmente es por medio del Espíritu Santo. Cualquier otra avenida es demoniaca. Al hacer guerra en contra de este tipo de tinieblas, debemos *cegar el tercero ojo*.

Los psíquicos pueden ver cosas con un tercer ojo. No se trata de si la información es correcta o no. Se trata de saber de dónde proviene la información. La información en el espíritu es la misma, pero la fuente de la información es clave. No se enfoque en la precisión, enfóquese en la fuente. La información psíquica es real. La gente puede ver con un tercer ojo y ver en el espíritu. Un psíquico le puede dar la misma información que un profeta. Pero los psíquicos la están recibiendo de la fuente equivocada. Mi meta es hacerlo comprender la diferencia entre lo santo y lo común.

De adentro hacia afuera

Dios creó al hombre para ser conectado interiormente de adentro hacia afuera; el Espíritu de Dios habita en nuestro espíritu por medio de una comunicación que es cableada internamente. Después de comer del árbol del conocimiento del bien y del mal, se abrió un tercer ojo, y el hombre comenzó a ver de afuera hacia adentro.

La hechicería es la obra de la carne que tiene una conexión externa (carnal) que hace que el hombre se comunique de afuera hacia adentro. Por eso, la religión es una forma de piedad que opera de afuera hacia adentro y niega el poder mismo de operar de adentro hacia afuera. Solamente Dios el Creador se comunica con el hombre de adentro hacia afuera.

Allí es donde se encuentra la batalla de la vida: que el hombre sea recableado internamente para volver a estar en sincronización con la voz de Dios y permanecer para siempre en su presencia. En lo natural, el hombre necesita ser reformado y rehabilitado, pero hablando espiritualmente necesita convertirse en una nueva creación (criatura) en Cristo.

El diablo es tan seductor. Le dijo a Eva que ciertamente no moriría. Les dijo una verdad a medias. No murió físicamente, pero la muerte espiritual tomó lugar en su alma. En 2 Corintios 4:7 dice que «tenemos este tesoro en vasos de barro, para que la excelencia del poder sea de Dios, y no de nosotros». Esta palabra *tesoro* es la palabra griega *tesaurus*, que es un almacén donde se guardan la sabiduría y el conocimiento de Dios que se relaciona metafóricamente con el corazón.

Este pasaje de 2 Corintios ejemplifica el hecho de que el verdadero tesoro se encuentra dentro de nosotros, no fuera. Por eso, no debemos conocer a ningún hombre según la carne y se nos advierte que no conozcamos más a Jesús según la carne (2 Corintios 5:16). Hoy, muchos conocen a Jesús de afuera hacia adentro como:

+ El organizador de una comunidad.
+ Un profeta profundo.
+ Un gran filósofo o maestro.

Pero los que lo conocemos de adentro hacia afuera —desde la parte más profunda de nuestro mismo ser— sabemos que Él es el Mesías. Es en Él que vivimos, nos movemos y somos (Hechos 17:28).

> Aviso de revelación: Allí es donde se encuentra la batalla de la vida: que el hombre sea recableado internamente para volver a estar en sincronización con la voz de Dios y permanecer para siempre en su presencia.

¿LOS CRISTIANOS PUEDEN TENER DEMONIOS?

Con frecuencia me preguntan si creo que los cristianos puedan ser poseídos u oprimidos por demonios. Creo que pueden ser oprimidos por fuerzas demoniacas porque los demonios habitan en el plano de la carne. Aunque se manifiestan a través del cuerpo, viven y operan en el plano de la carne, el lugar en el que se les dio autoridad legal para operar por medio del pecado. No, el Espíritu Santo y un demonio no pueden morar en el mismo lugar; el Espíritu de Dios vive en el hombre espiritual, y los demonios operan a través de la carne (la naturaleza humana).

Un ejemplo perfecto es cuando Dios le permitió a Pablo que tuviera un aguijón (*skolops*) en su carne (*sarx*). Dice que era un mensajero de Satanás que fue enviado a causa de la revelación que Pablo recibió de Dios. Este aguijón fue puesto en la carne de Pablo para evitar que se vanagloriara.

Quizá sea difícil de entender por qué Dios enviaría a un mensajero del diablo para abofetear o atormentar a Pablo como repercusión de una de las mayores experiencias sobrenaturales que tuvo Pablo. Después de estudiar el griego de este pasaje de la Escritura (2 Corintios 12:7–10), creo que, durante la experiencia de Pablo, literalmente se conectó con el plano espiritual en una manera que iba más allá de la superioridad y que dio como resultado el desvelamiento divino de misterios inefables.

Para decirlo llanamente, Pablo tuvo una experiencia sobrenatural que no podía expresar con palabras. La realidad es que no todo se puede explicar. Algunas cosas simplemente necesitan ser entendidas por fe y confiar en ellas de la misma forma. Pablo tuvo una experiencia tan poderosa con Dios que provocó un cambio en su vida que todavía nos afecta hoy como creyentes cuando leemos sus escritos y vemos ejemplos de cómo lo usó Dios.

La Biblia no entra en mucho detalle con respecto a qué era el aguijón de Pablo. Lo que haya sido en lo natural, sabemos que también fue algo espiritual con una manifestación espiritual. Fue entre Dios y Pablo. La unción sobre la vida de Pablo era tan pesada que Dios tuvo que poner algo en él para recordarle que era humano. ¿Y adivine qué? Desde los tiempos de Pablo a los tiempos modernos, los que tienen ciertas posiciones y reciben felicitaciones necesitan ese recordatorio. Yo soy un buen ejemplo. Al ser una persona de autoridad espiritual y natural Dios trae cosas a mi vida para recordarme de dónde vengo. Estoy agradecida por ello porque sé que lo necesito.

Dios nos dio ambos tipos de carne: nuestra carne como naturaleza humana y carne como el cuerpo en el que vive nuestro hombre espiritual. Dios creó al hombre para ser conectado interiormente de adentro hacia afuera con su Espíritu habitando en nuestro espíritu por medio de una comunicación que es cableada internamente. Satanás quiere asaltar nuestro almacén para llevarse nuestro tesoro que es la sabiduría y conocimiento de Dios que está guardado y que está metafóricamente relacionado con el corazón, de modo que nos conectemos de afuera hacia adentro para «ver» en el plano espiritual a través de espíritus que no son de Dios. La única manera en que los creyentes deberían conocer y «ver» cosas sobrenaturalmente es por medio del Espíritu Santo.

Cuando nacemos de nuevo, el Espíritu de Dios viene a vivir en nuestro espíritu y le pertenecemos a Jesús. No obstante, podemos ser oprimidos por fuerzas demoniacas porque el Espíritu de Dios vive en el *espíritu* del hombre, y los demonios operan a través de la _carne_ (naturaleza humana). Cuando caminamos en una pesada unción de Dios, nos volvemos vulnerables a nuestra naturaleza humana carnal. Por eso, a veces recibimos un aguijón en la carne como Pablo, para mantenernos cerca de Dios, donde es menos probable que caigamos presa de nuestra naturaleza humana caída. Como lo podrá ver en el capítulo siguiente sobre guerra territorial, es importante aprender como mantenernos cerca y en ruta a pesar de los obstáculos en el camino.

Aunque el aguijón de Pablo era para mantenerlo humilde a pesar del gran poder y revelación que había experimentado, es importante observar dónde fue colocado el aguijón. No fue colocado en sus alrededores (la Tierra) o en su espíritu ni en su alma, sino en su carne (su naturaleza humana).

Pablo hizo todo lo que pudo para acabar la carrera (2 Timoteo 4:7). Entendía la guerra espiritual y estaba determinado a no permitir que el enemigo lo detuviera de ser victorioso en cumplir su misión para el Reino de Dios a pesar de los ataques del enemigo. Dios desea que usted se mantenga en la ruta que Él ha establecido para usted. El diablo lo intentará y secuestrará su carne. Por eso, es importante que usted entienda la diferencia entre la carne como naturaleza humana y el cuerpo donde vive el hombre espiritual. Dios creó al hombre para ser conectado de adentro hacia afuera; el Espíritu de Dios habita en nuestro espíritu por medio de una comunicación que es cableada internamente. Satanás quiere corromper nuestra carne por medio de provocar que veamos y escuchemos lo que está fuera en lugar de oír al Espíritu Santo dentro de nosotros.

Con eso en mente, oremos para que usted tenga la victoria en el llamado de Dios sobre su vida.

Padre, en el nombre de Jesús, ato el tercer ojo de los médiums y todos sus ataques físicos, psíquicos y espirituales en mi contra y de todo lo que me atañe. Cada *asignación, operación, semilla, trabajo, plan, actividad, trampa, artimaña y maquinación es atada y bloqueada de mis asuntos personales, familiares, laborales y ministeriales. Todas las maldiciones, hechizos, embrujos, encantamientos, conjuros, ligaduras, juicios de brujas y brujos, y actos de maldad son maldecidos de raíz.*

La brujería no tiene poder actuando en contra de mi propósito en la vida y no puede penetrar mis barreras de protección. Toda obra de maldición, ritual o sacrificio a Satanás es contada como nula e inválida.

Pido la sangre de Jesús en contra de cada acto y declaro que ningún arma forjada en mi contra prosperará. Todos los pensamientos demoniacos, amenazas, afirmaciones e ideas son derribados y no se convertirán en fortalezas para el uso del diablo. Renuncio a todas las maldiciones autoinflingidas por medio de la confesión negativa a las que les haya abierto la puerta. Cancelo toda estrategia demoniaca en mi contra y las estrategias demoniacas con las que fui llamado a conectarme, a ser cubierto por ellas o a cubrirlas. Nunca se manifestarán o sucederán y son maldecidas y destruidas de raíz. Las dejo sin efecto. Son juzgadas por Dios, arruinadas y puestas en vergüenza. Amén.

CAPÍTULO 3

LA GUERRA TERRITORIAL (EL PLANO DE LA TIERRA)

Y A EXPLIQUÉ CÓMO los espíritus operan en contra de la mente y por medio del plano de la carne, pero es importante entender la guerra de la tierra o del plano terrenal. Esto es conocido como guerra territorial. Eche un vistazo a estos tres pasajes de la Escritura:

> Mirad, yo os he entregado la *tierra*; entrad y poseed la *tierra* que Jehová juró a vuestros padres Abraham, Isaac y Jacob, que les daría a ellos y a su descendencia después de ellos.
>
> —DEUTERONOMIO 1:8, ÉNFASIS AÑADIDO

> Yo os he entregado, como lo había dicho a Moisés, todo lugar que pisare la planta de vuestro pie. Desde el desierto y el Líbano hasta el gran río Éufrates, toda la tierra de los heteos hasta el gran mar donde se pone el sol, será vuestro *territorio*. Nadie te podrá hacer frente en todos los días de tu vida; como estuve con Moisés, estaré contigo; no te dejaré, ni te desampararé. Esfuérzate y sé valiente; porque tú repartirás a este pueblo por heredad la *tierra* de la cual juré a sus padres que la daría a ellos.
>
> —JOSUÉ 1:3–6, ÉNFASIS AÑADIDO

> Si se humillare mi pueblo, sobre el cual mi nombre es invocado, y oraren, y buscaren mi rostro, y se convirtieren

de sus malos caminos; entonces yo oiré desde los cielos, y
perdonaré sus pecados, y sanaré su *tierra*.

—2 CRÓNICAS 7:14, ÉNFASIS AÑADIDO

La palabra hebrea para «tierra» es *erets*, que significa: tierra
o planeta físico, y la palabra para «territorio» es *gebul*, lo cual
quiere decir: un territorio cerrado. Hay varios puntos que podemos obtener de estas escrituras que se relacionan con la
guerra territorial.

+ La oración conecta lo que sucede en los cielos con
  la Tierra.

+ El pecado afecta el estado del terreno.

+ El territorio puede ser sano o necesitar sanidad.

+ Hay una unción en nuestros pies para poseer
  nuestro «territorio».

+ El territorio que Dios nos da es generacional.

+ En la tierra de nuestro territorio hay victoria
  total.

Si Josué se hubiera salido de esos perímetros, su bendición territorial se hubiera convertido en una maldición territorial. Para
experimentar la voluntad perfecta de Dios, debemos estar en el
lugar correcto, haciendo lo correcto con las personas adecuadas.
Los griegos lo explican así:

+ *Topos*: lugar

+ *Kairos*: tiempo

+ *Genos*: generación

+ *Etnos*: nación

+ *Teleios*: perfecta (voluntad)

Es verdad que todas las cosas ayudan a bien a aquellos que
aman a Dios y que han sido llamados conforme a su propósito

(Romanos 8:28), pero como creyentes debemos entender que Dios es un estratega y que tiene un plan perfecto para nuestra vida. Pone las cosas en su lugar y las supervisa para realizarlas. «Por Jehová son ordenados los pasos del hombre, y él aprueba su camino» (Salmo 37:23).

> **Aviso de revelación:** Para experimentar la voluntad perfecta de Dios, debemos estar en el lugar correcto, haciendo lo correcto con las personas adecuadas.

Hay un par de puntos clave que podemos aprender de eso: Presta atención a los detalles y mantente en curso.

Presta atención a los detalles

En la milicia cuando recibía órdenes del Departamento del Ejército, no solo me enviaban órdenes generales. Mis órdenes tenían mi nombre sobre ellas y especificaban todo lo que necesitaba saber y hacer para procurar mi asignación. Dios es un Dios de detalles, y Él ha ordenado sus pasos (y ha puesto el nombre de usted en esas órdenes). La asignación de Dios no se recibe por medio de echar los dados o una moneda al aire. Él lo conoció, lo que usted fue llamado a hacer y todos los demás detalles suyos fueron formados, en el vientre de su madre (Jeremías 1:5).

Hay cuerdas o líneas en el espíritu que caen sobre nosotros en lugares deleitosos y hermosos (Salmo 16:6). He hablado de esto en muchos de mis libros porque es uno de mis versículos favoritos. Voy a hablar más de él más adelante en este libro. A medida que somos llenos del Espíritu y guiados por el Espíritu, nuestro destino se va cumpliendo.

Manténgase en curso a pesar de los obstáculos que haya en el camino

Es naturaleza humana dar media vuelta e ir en dirección contraria cuando surgen los problemas. Cuando Dios da una Tierra Prometida y nos manda procurarla, no importa nada más excepto: «¡Dios dice que es mía!». Van a haber gigantes en la tierra, y el enemigo pondrá personas a su alrededor que le dirán que retroceda y regrese a su experiencia en el desierto.

Cuando encuentre una batalla territorial, su victoria no se va a manifestar de la noche a la mañana. Si hay hombres fuertes o gigantes estorbándolo, caerán delante de usted. No caerán porque usted sea el más inteligente o el más fuerte o porque tenga más dinero. Caerán porque usted está en su «territorio» (Josué 1:3–6). ¡Ningún enemigo podrá hacerle frente en su territorio! Muchos fracasan porque procuran la victoria en territorios que les han sido dados a otros (explicaré más acerca de los territorios en el capítulo 4).

La guerra territorial no es tan profunda o complicada. Siempre y cuando usted sepa quién es en Dios (*genos*), adónde lo ha llamado (*topos*), cuándo se supone que usted debe estar allí (*kairos*) y con quién se supone que debe estar allí (*ethnos*), experimentará la perfecta voluntad de Dios (*teleios*).

Mientras estamos en este tema, creo que hay una voluntad perfecta de Dios. Romanos 12:2 dice que debemos saber que la buena voluntad de Dios, agradable y perfecta es para nosotros mismos:

- Buena voluntad (*agathos*): andar por fe y no por vista
- Voluntad agradable (*euarestos*): tener una idea o llegar al conocimiento de algo
- Voluntad perfecta (*teleios*): estar en medio de la voluntad de Dios

Para caminar en la perfecta voluntad de Dios, debemos santificarnos. La santificación no es un concepto tan profundo o complicado como la religión trata de hacerlo ver. Simplemente significa: apartarnos para Dios. Habrá espíritus familiares asignados tratando de distraerlo de su propósito. Para evitarlo, sepárese de todo lo que no se alinee con la perfecta voluntad de Dios para su vida; sin importar lo inofensivo, moderno o familiar que pueda parecer. Así es exactamente la manera en la que operan los espíritus familiares. En los capítulos siguientes voy a hacer mi mejor esfuerzo por exponer las muchas maneras en las que se introducen a hurtadillas a nuestras vidas para desviarnos de nuestro rumbo. Antes de que ahondemos más en esto, vamos a orar.

A medida que usted se zambulla en las páginas de este libro, le pido a Dios que su corazón sea fértil para la verdad. Cada asignación territorial en contra de su siguiente nivel en Dios es atada y bloqueada. Pido que un esquema espiritual del Señor sea presentado delante de usted. A medida que usted siga esta ruta hacia su «territorio» el bien y la misericordia lo seguirán.

Profetizo que su camino es enderezado y que sus veredas son hechas excelentes. Y si el Señor lo lleva por el camino largo, le pido a Dios que usted aprenda la «guerra». Que Dios unja sus manos para la guerra y que sus pies se mantengan en el camino. Decreto que su nombre le antecede, soltando el espíritu de terror en sus enemigos de mañana; porque los enemigos que ve hoy no los verá más.

Cubro su familia, matrimonio, hijos, empleos, finanzas, posesiones, salud, seguridad y bienestar con la sangre de Jesús. Ato a Satanás; el espíritu de Beelzebú; el principado del Norte, del Sur, del Este y del Oeste;

el principado de cada continente; el principado sobre Estados Unidos; y los principados sobre el estado y la ciudad en los que usted vive. Ato a todos los espíritus territoriales, todos los principados, todas las potestades exousia (autoridad, poder), todos los gobernadores de las tinieblas de este siglo en lugares celestes, y a todos los espíritus que no sean el Espíritu Santo.

Tomo autoridad sobre cada espíritu territorial a lo largo de los Estados Unidos y confieso que esta tierra fue dedicada a Jesús y que todavía le pertenece. Su pueblo es libre de orar, alabar y adorar como el Espíritu guíe. ¡Satanás está atado! ¡Amén!

PARTE II

CÓMO EXPONER A LOS ESPÍRITUS FAMILIARES EN ACCIÓN

CAPÍTULO 4

FAMILIARIDAD DE GÉNERO

H E VIAJADO POR el mundo y he encontrado la misma historia cuando se trata del lugar de la mujer en la sociedad. Aunque las leyes han cambiado, las mujeres son consideradas subliminalmente ciudadanas de segunda clase. Las mujeres que realizan los mismos trabajos que sus contrapartes masculinas tienden a ser pagadas menos. En muchos ambientes ministeriales las ministras son calladas o limitadas en la operación del llamado de Dios sobre su vida. En el mundo esto es llamado discriminación por género, pero prefiero llamarlo familiaridad de género.

Yo defino *«familiaridad de género»* como un espíritu que generacionalmente viaja a través de los vehículos del sexismo, la religiosidad, el abuso y simplemente la ignorancia descarada y discriminación en contra de las mujeres. Como los espíritus familiares operan encubiertamente y obtienen más poder cuando nunca son identificados ni se trata con ellos, me gustaría sacar a la luz un poco este espíritu, y específicamente la manera en la que obstaculiza a las mujeres en el ministerio.

Puedo empezar el tema diciendo que no hay nada en el ministerio a lo que una mujer no pueda ser llamada a hacer. De hecho, las mujeres son los pilares de la iglesia. Si las mujeres se sentaran y cerraran la boca (y sus bolsos), los servicios de los domingos por la mañana tendrían un sabor distinto. Veamos los aspectos del ministerio quíntuplo como están descritos en

Efesios 4:11: «Y él mismo constituyó a unos, apóstoles; a otros, profetas; a otros, evangelistas; a otros, pastores y maestros».

> Aviso de revelación: El manto de los ministerios de apóstol, profetiza, pastora, maestra y evangelista han caído sobre las mujeres desde el inicio de la iglesia.

Mujeres como apóstoles

La Biblia dice «primeramente apóstoles» (1 Corintios 12:28). La palabra griega para «primeramente» en este versículo es *proton*, que significa: primero en orden. Los apóstoles son pioneros. Son innovadores y visionarios que inician cosas y luego se las entregan a otros. Los apóstoles hacen cosas que no se habían hecho antes o que no eran conocidas para su generación. Cuando llegan a una región, los principados demoniacos entienden que los apóstoles hacen que las cosas cambien y sucedan en el espíritu.

Lo apostólico no es una posición; es una unción. El hombre no se lo da a usted; Dios se lo da. Solamente Dios puede generar un «enviado». Por supuesto, hay personas que hacen cosas porque quieren, pero hay mujeres legítimas que han sido llamadas a uno de los diferentes cinco ministerios.

Siendo una mujer apóstol, tengo la unción pionera para hacer cosas en la iglesia y hacerlas por primera vez. Fui la primera reina del baile negra y la primera presidente negra del consejo estudiantil de mi escuela media-superior. Dios tenía su mano sobre mí antes de siquiera conocerlo. Después de que llegué a conocerlo, fui la primera mujer negra electa como la representante general del Grupo 1 en el ayuntamiento de la ciudad de Jacksonville.

La confirmación de la autoridad apostólica es el fruto; las cosas que los apóstoles hacen no pueden suceder en lo natural.

Muchos han tratado de reintroducir la oración en las escuelas durante décadas. Yo llegué, y en mi primer periodo como representante estatal la oración fue restaurada en las escuelas. Estoy mirando la iniciativa de ley que los demócratas y republicanos acordaron es la solución al problema de restaurar los derechos de los infractores de la ley por primera vez en la historia.

No hay varón ni mujer en el espíritu, así que sin importar que usted sea hombre o mujer se trata de que la obra sea hecha en su nombre. Jesús no dijo: «Me conocerán por el título que me den». Dijo: «Por el fruto se conoce el árbol» (Mateo 12:33). Él está borrando las líneas divisorias políticas, raciales y de género. Incluso el diablo no puede negar estas cosas. Si Débora pudo juzgar a Israel, una mujer puede hacer cualquier cosa. Barac dijo que no iría a la batalla si Débora no iba con él (lea Jueces 4). En un tiempo en el que la mujer era considerada ciudadana de segunda clase, ella juzgaba a Israel. Si Débora lo hizo en ese entonces, Dios puede usar a una mujer ahora para hacer cualquier cosa que quiera hacer.

MUJERES PASTORAS

Una mujer que tenga la posición de pastora en la iglesia es el asunto más controversial de este tema. Si las mujeres no deberían ser pastoras, entonces alguien necesita explicar por qué Dios, a pesar del debate que genera, está usando a muchas mujeres poderosas en esas posiciones actualmente. Claramente, Dios ha ungido a muchas mujeres para que pastoreen rebaños alrededor del mundo. No obstante, la mejor manera de abordar este asunto no es a partir de lo que está sucediendo hoy, sino desde una perspectiva bíblica. Comencemos con la historia de Febe.

Romanos 16:1–2 afirma:

> Os recomiendo además nuestra hermana Febe, la cual es diaconisa de la iglesia en Cencrea; que la recibáis en el Señor, como es digno de los santos, y que la ayudéis en cualquier cosa en que necesite de vosotros; porque ella ha ayudado a muchos, y a mí mismo.

Creo que Pablo estaba indicando que Febe era una supervisora de la iglesia local en Cencrea. Pablo pide que la reciban. ¿Cuál fue la razón para esta petición? Creo que fue porque Febe se encontraba en una posición poco usual para las mujeres de su tiempo. Su posición era pionera y apostólica.

Es importante observar que en otras versiones de la Biblia se le menciona como en el servicio de la iglesia [una sierva]. En el Nuevo Testamento, a muchos de los que tenían dones del ministerio quíntuplo se les menciona como siervos de Jesucristo.

+ El libro de Romanos se refiere a Pablo como «siervo de Jesucristo» (1:1).
+ El libro de Filipenses se refiere a Pablo y a Timoteo como «siervos de Jesucristo» (1:1).
+ El libro de Santiago se refiere a Santiago como: «Siervo de Dios y del Señor Jesucristo» (1:1).
+ El libro de 2 Pedro se refiere a Pedro como «siervo […] de Jesucristo» (1:1).
+ El libro de Judas se refiere a Judas como «siervo de Jesucristo» (1:1).

La palabra griega para «siervo» es *doulos*, y se refiere a estar bajo autoridad o estando en esclavitud o cautivo por alguien. Si usted es una mujer leyendo este libro, la animo a que se detenga en este momento, coloque las manos en su estómago y declare lo siguiente sobre usted misma:

> *¡Estoy bajo autoridad, soy esclava del Espíritu y le estoy sujeta para servir!*

Pablo era esclavo por el Espíritu del Dios altísimo. Los ministros del Nuevo Testamento estaban sujetos a sus llamados a los que no tenían opción más que responder. Las decisiones que hicieron no estaban supeditadas a su cultura, género o a cualquier otra de sus influencias naturales. El llamado de Dios sobre estos siervos no se limitó a varones o mujeres porque se originaba en el Espíritu.

Febe era una sierva de Jesucristo. Pablo se refiere a que ella «ha ayudado a muchos». Una persona que ayuda en griego es *prostatis*, y significa: ser un mecenas (alguien que protege y brinda soporte). La palabra «patrono» significa: protector. Esta es la comisión del pastor.

La definición de la palabra «ayuda» es el que provee auxilio, socorro o alivio. La palabra *prostatis*, que significa: ayudadora, proviene de otra palabra griega, *proistemi*, que significa: estar delante en rango, presidir sobre y gobernar y mantener orden. Con base en los significados de estas palabras, no hay duda de que Febe era una supervisora del ministerio donde trabajaba.

Pablo incluso menciona que Febe lo ha ayudado a él. Esto significa que tuvo gobierno sobre su vida y proveyó un medio de seguridad y protección para él.

Se menciona a Febe como diaconisa. La palabra griega para «diaconisa» es *diakoneo*, y significa: servir, ministrar, enseñar y ofrecer alivio. No hay duda de que estas son las responsabilidades del pastor.

El hecho de que Pablo menciona a Junias como compañera de prisiones y muy estimada entre los apóstoles (Romanos 16:7) también soporta mi conclusión del ministerio de Febe como una mujer en el liderazgo de la iglesia del Nuevo Testamento. Febe era pastora y Junias era una apóstol. Vinieron en contra de las probabilidades de la cultura en la que vivieron. El llamado sobre su vida fue mayor.

MUJERES COMO MAESTRAS

Aquila y Priscila eran marido y mujer, y caminaban muy cerca de Pablo. Viajaron con él y lo albergaron, y él habló de ellos con frecuencia. El hecho de que la Biblia nunca los mencione por separado indica que tenían un fuerte equipo ministerial.

Aquila y Priscila también trabajaban con Pablo. En tiempos modernos podríamos decir que tenían un negocio de construcción: hacían tiendas.

Aquila y Priscila vivían en Corinto. Era la capital de la provincia romana de Acaya y era conocida por su comercio, artes y arquitectura famosa. También era conocida por su lujo e inmoralidad. Corinto era un tipo histórico de Hollywood.

La gente de Corinto era conocida como fiel a la adoración de la diosa Afrodita. Afrodita es la diosa de la belleza y el amor, así que estos eran los espíritus que gobernaban la tierra. Pablo conoció a Aquila y Priscila cuando se dio un edicto de que todos los judíos salieran de Roma. Como tenían el mismo oficio, Pablo vivió con ellos.

Aquila y Priscila también ministraron en Éfeso, una ciudad dedicada a la adoración de la diosa Diana o Artemisa (la diosa de la naturaleza). En Éfeso conocieron a Apolos, quien era un hombre versado en las Escrituras. La Biblia dice que era «elocuente, poderoso en las Escrituras» (Hechos 18:24). Había sido instruido en el Señor y era ferviente en el espíritu (v. 25).

La Biblia destaca el hecho de que Apolos solamente conocía el bautismo de Juan (v. 25). Esto significa que no había sido introducido al bautismo en el Espíritu Santo o que no lo había experimentado. Antes de que yo fuera bautizada en el Espíritu Santo, mi nivel de revelación acerca de las cosas del espíritu era limitada. Yo era como Apolos quien era ferviente en su caminar con Dios y tenía enseñanzas precisas, pero que le faltaba algo: ¡el bautismo en el Espíritu Santo!

Aquila y Priscila tomaron a Apolos bajo sus alas y le enseñaron el camino de Dios más exactamente (Hechos 18:26). En otras palabras, lo llevaron a otro nivel. Observe que la Escritura no deja a Priscila fuera del proceso en la vida de Apolos. Fue este equipo marido-y-mujer que usó su hierro para afilar su hierro. Priscila tenía la unción de la enseñanza sobre su vida para exponer las cosas más profundas de Dios.

MUJERES COMO EVANGELISTAS

Ella era samaritana, alguien con quien la mayoría de los judíos de su tiempo ni siquiera hablarían. Su estilo de vida aparentemente afectó su relación con otras samaritanas, ya que decidió sacar agua del pozo en un momento en el que las demás mujeres no estarían allí. Ella había sido excluida, rechazada y era una marginada; no obstante, las palabras de esta mujer afectaron a toda la ciudad.

Juan 4 relata la historia de la mujer samaritana que se encontró con Jesús en el pozo. Estamos muy familiarizados con algunos de los temas de su conversación como el agua viva y la adoración en espíritu y verdad. Pero hay más en la historia. La mujer samaritana era una evangelista. Cuando Jesús le dijo que Él era el Mesías, ella «dejó su cántaro, y fue a la ciudad, y dijo a los hombres: Venid, ved a un hombre que me ha dicho todo cuanto he hecho. ¿No será éste el Cristo? Entonces salieron de la ciudad, y vinieron a él» (Juan 4:28–30). Las palabras de una mujer excluida en una sociedad dominada por los varones hicieron que los hombres de la ciudad fueran a Jesús.

Pero la historia no se detiene allí, porque los campos estaban listos para la siega: «Y muchos de los samaritanos de aquella ciudad creyeron en él por la palabra de la mujer [...] Y creyeron muchos más por la palabra de él» (Juan 4:39, 41). Toda una ciudad fue afectada por la unción de evangelismo de una mujer que no permitió que su pasado o el hecho de que era mujer evitaran que compartiera las buenas noticias del Mesías.

Mujeres como profetas

Estaba también allí Ana, *profetisa*, hija de Fanuel, de la tribu de Aser, de edad muy avanzada, pues había vivido con su marido siete años desde su virginidad, y era viuda hacía ochenta y cuatro años; y no se apartaba del templo, sirviendo de noche y de día con ayunos y oraciones.

—Lucas 2:36–37, énfasis añadido

Además de Ana que fue mencionada como profetisa, sabemos que Débora fue una profetisa y que la hermana de Moisés, María, fue llamada profetisa. ¡La Biblia dice que Felipe el evangelista tenía cuatro hijas que profetizaban (Hechos 21:8–9)! Las mujeres como profetisas han sido establecidas sin duda.

Según la definición del término *profetisa* usado para describir quiénes eran y lo que hacían, estas mujeres interpretaron y predijeron la voluntad divina de Dios en la Tierra. Abrieron su boca bajo la inspiración divina del Espíritu Santo.

Ana tuvo un ministerio profético como el de nadie más señalado en la Biblia por la manera en que dedicó toda su vida a su ministerio. Después de que falleció su esposo, se quedó en el templo noche y día, ayunando y orando. Parece que Ana no tenía vida social, pero le dio sus días y sus noches al Señor para orar. Este tipo de ministerio requiere gracia sobrenatural (el nombre de Ana significa: gracia). Ana también era una mujer muy anciana. Dios tuvo que darle la gracia en su cuerpo para ayunar y orar como lo hacía a su edad.

Ana no oraba cualquier cosa simplemente. Tenía una comisión específica de Dios. Su misión era orar por la redención de Israel. Ella oraba que Israel volviera a su lugar con Dios para que lo que se había perdido fuera redimido. Ella era una profetisa territorial a la nación de Israel, y tenía una carga que era tan pesada que cargaba su alma noche y día.

A causa del rol de la mayoría de las mujeres como madres y esposas, la comisión que tenía Ana era rara, aunque es real. Hay mujeres que nacieron como eunucos intercesores a quienes se les ha dado una vida de intercesión sin reservas. Creo que hay pocas mujeres que andan en la unción en la que Ana anduvo, pero existen.

Una persona que pasa mucho tiempo en oración como Ana no puede evitar ser de naturaleza profética. De una naturaleza profética proviene la intercesión profética. Una persona no puede ir a la escuela bíblica para aprender intercesión profética. Viene de caminar con Dios. La unción de la intercesión profética no solo viene y se va; permanece (continúa) porque es un estilo de vida. Se vuelve tan natural como despertarse en la mañana y acostarse en la noche.

Gracias a la unción en la que Ana se empapaba, se le dio la gracia de la intercesión continua. Cuando se sentía compelida por las presiones de su carga, soltaba la palabra del Señor con precisión poco común. Creo que la unción de Ana sigue en la Tierra. Está reservada para la mujer que no está condicionada ni tiene compromisos, sino que ha dedicado su vida por completo al servicio del Señor.

La mayoría ve la posición del profeta como un ministerio visible. Como está probado en el ministerio de Ana, el don profético más grande puede operar tras bastidores. Oro por que la unción de Ana sea soltada sobre los llamados en la iglesia. El ministerio de Ana opera en su punto más alto en la vida de mujeres que no tienen compromisos con relaciones o niños de los cuales cuidar. La unión de Ana es principalmente para la mujer que está casada con Dios y quien, por medio de la oración, es la madre de una nación.

En esta sección he hablado de los dones del ministerio

quíntuplo en la manera en que se relacionan con las mujeres. Dios no dejó a las mujeres fuera del panorama en ninguno de ellos. El manto de los ministerios de apóstol, profetisa, pastora, maestra y evangelista han caído sobre las mujeres desde el inicio del tiempo.

El ministerio quíntuplo y mi testimonio

Nunca habría imaginado que como mujer Dios me escogería para estar en el ministerio quíntuplo. Nunca olvidaré una palabra profética que fue dada mientras estaba sentada en un servicio cuando fui salva por primera vez. La mujer dijo que había tres mujeres en el santuario que habían sido llamadas al ministerio quíntuplo. Nada en mí pensó que yo era una de ellas. Yo simplemente estaba feliz de estar en la iglesia.

Un par de años más tarde, mientras estaba siendo ordenada pastora, esa palabra profética se repetía una y otra vez en mi cabeza. Sabía que Dios me había llamado verdaderamente, y me convencí de ser parte de las pocas escogidas. ¿Qué quiero decir con eso? La Biblia dice que «muchos son llamados, y pocos escogidos» (Mateo 22:14). Hay dos razones por las que pocos son escogidos:

1. Muchas personas no responden a su llamado.

2. Muchas personas escogen su propio llamado y se etiquetan a sí mismas según lo que creen que han sido llamadas a hacer.

Ya sea que las personas sean demasiado tímidas para atreverse a actuar según como Dios las dirija, como que antepongan un título no autorizado a su nombre, es pecado. La obediencia al llamado es mejor que los sacrificios, pero la rebelión es como pecado de adivinación (1 Samuel 15:22–23). Si no respondemos al llamado de Dios, caminamos bajo la maldición de la desobediencia, pero ordenar nuestros propios ministerios es adivinación rotunda.

Por eso, hay muchas mujeres que manifiestan adivinación carismática en la iglesia en el nombre de Jesús (para más sobre adivinación carismática, vea el capítulo 4 de mi libro *¡Devuélvelo!*). La mayoría tienen llamados legítimos, pero caminan en posiciones ilegítimas. Se levantaron y fueron cuando debían haber esperado a ser enviadas. Cuando se trata de ministros quíntuplos, deben ser «enviados».

¿ADIVINACIÓN CARISMÁTICA?

La palabra griega para «don» en la Biblia es *charisma*. Gálatas 5:20 menciona la hechicería como una obra de la carne. La adivinación carismática es la mezcla de los dones del Espíritu con la carne. Los dones que siguen en operación después de que la unción se ha ido son ejemplos de adivinación carismática. La adivinación carismática es dirigida por el don más que por el Espíritu.

He tenido contacto con «la apóstol _____», «la evangelista _____», «la maestra _____», «la profetisa _____» y «la pastora _____» en iglesias de todo Estados Unidos. Observe que dejé los nombres en blanco en el enunciado anterior. Esto es porque Dios es el único que puede llenar los espacios. ¡Él nos llama al ministerio quíntuplo por nombre!

No debería haber condiciones, adiciones u objeciones cuando se trata del llamado al ministerio quíntuplo. Es muy peligroso poner un título delante de su nombre cuando Dios no lo ha ordenado a la posición.

También es importante recordar que al que mucho se le da, mucho se le demanda (Lucas 12:48). Cuando Dios lo llama a una posición, no solamente pide más de usted, sino que habrá otro nivel de guerra espiritual asignado en su contra. Esto no es un problema para el apóstol que ha sido ordenado legítimamente y que camina en autoridad sobre principados territoriales. Pero el que se ha puesto títulos o se ha puesto en posiciones que no son ordenados por Dios, será una pesadilla.

Usted no puede tener el título de apóstol (o cualquier otro título en el ministerio) con la unción de un miembro laico. La batalla será grande y usted será derrotado y no podrá resistir delante de sus enemigos porque está fuera de su territorio.

Ahora, me gustaría desglosar lo que quiero decir cuando hablo acerca de estar en, o fuera, de su territorio. Echemos otro vistazo a Josué 1:3–6, que mencioné en el capítulo 2.

> Yo os he entregado, como lo había dicho a Moisés, todo lugar que pisare la planta de vuestro pie. Desde el desierto y el Líbano hasta el gran río Éufrates, toda la tierra de los heteos hasta el gran mar donde se pone el sol, *será vuestro territorio*. Nadie te podrá hacer frente en todos los días de tu vida; como estuve con Moisés, estaré contigo; no te dejaré, ni te desampararé. Esfuérzate y sé valiente; porque tú repartirás a este pueblo por heredad la *tierra* de la cual juré a sus padres que la daría a ellos.
>
> —Josué 1:3–6, énfasis añadido

A Josué se le dijo que la tierra sería suya y que sus enemigos caerían; si *se mantenía en su territorio*. Al entrar en una batalla espiritual, manténgase en su territorio. Allí es donde está su unción y donde experimentará una gran victoria. Ha habido momentos en los que tomé encomiendas que estaban fuera de mi territorio, y al hacerlo, nunca hubo una sola ocasión en la que no pagara un gran precio por ello.

Déjeme darle una palabra de sabiduría: nunca es demasiado tarde para volver a su territorio. Jonás tuvo que regresar a su territorio asignado; Josafat tuvo que regresar a su territorio; e incluso el rey David tuvo que regresar a su territorio. Cuando ha dejado de lado a Dios, haga todo esfuerzo posible para volver a estar en posición con Él. Dios es tan generoso y misericordioso que no solamente nos permite volver a nuestra posición, sino que podemos recibir un retorno séptuplo de todo lo que se perdió cuando estábamos fuera de nuestro territorio.

Muchas mujeres (y hombres) se dan títulos como apóstoles y profetas. Esto es algo muy peligroso. Aunque Dios es el autor del alto llamado, Él usa a personas para escribir el libro. En otras palabras, Dios nos llama, y Él le hablará a una persona en autoridad para confirmar ese llamado. Muchas personas van por allí con títulos en el ministerio quíntuplo que no les han sido confirmados.

Para llevarlo todavía más lejos, hay muchas mujeres que dicen estar en el ministerio quíntuplo que no han sido escogidas. ¡Me gustaría volver a enfatizar que muchos son llamados, pero pocos los escogidos! La palabra escogido simplemente significa: ser seleccionado a mano por Dios. No hay un lineamiento para la manera en que Dios escoge a la gente; simplemente lo hace como le place. La Biblia se refiere al hecho de que suele escoger al menos probable (1 Corintios 1:27).

Por último, no olvidemos que en el Espíritu no hay varón ni mujer (Gálatas 3:28). Dios llama a personas de todas las razas, de todo género y trasfondo para hacer su obra. «Dios no hace acepción de personas» (Hechos 10:34). Voy a hablar acerca de traición y discriminación racial en el capítulo siguiente, pero me gustaría cerrar este capítulo orando por las mujeres escogidas por Dios para estar en el ministerio.

Padre, Dios, en el nombre de Jesús te pido por las mujeres tuyas alrededor del mundo que han sido llamadas al ministerio quíntuplo. Te pido por mujeres de todas las razas y culturas que están luchando con el llamado que les has hecho. Te pido por las mujeres que no saben que han sido llamadas al ministerio quíntuplo. Señor, ponlas en manos de las personas correctas para ser soltadas en el espíritu correcto. Te pido que reciban la instrucción, la impartición y la activación que necesitan para cumplir con la tarea general encomendada por ti en su vida.

Ato a los espíritus de oposición, persecución y mentira que han sido asignados específicamente en contra de las mujeres en el ministerio quíntuplo. Pronuncio una unción apremiante sobre ellas que penetre todos los bloqueos y obstáculos que puedan estar en el camino de su llamado. Señor, úngelas para ser esposas fieles, madres compasivas y ministros fuertes. Ato a los espíritus de «casi» y «no lo suficiente» y los expulso de sus vidas. Unjo a estas mujeres con la unción de Ana para ser separadas por completo para el servicio de Dios.

Profetizo a la cosecha de mujeres en el ministerio quíntuplo. Oro por un espíritu que abra camino de precisión sobre ellas; que no erren el blanco del alto llamado. Que todas las segundas opciones y distracciones se alejen de ellas. Señor, haz que sean atraídas a la marca de terminar la carrera que tienen por delante. La voluntad permisiva no puede penetrar su propósito, sino en lugar de ello, caminarán en la perfecta voluntad de Dios. El teleios y el topos serán su porción. La familiaridad generacional de género es rota de ellas para siempre. Te lo pido en el nombre de Jesús. Amén.

CAPÍTULO 5

GOBERNADORES DE LAS TINIEBLAS

ISTE CAPÍTULO QUIZÁ ofenda a alguno, pero los que tienen oídos para oír lo que el Espíritu está diciendo que oigan! La Palabra del Señor dice que el pueblo de Dios fue destruido porque le faltó conocimiento (Oseas 4:6). Esta versión de esa escritura es a la que hago referencia con mayor frecuencia porque dice que fue destruido. En mi caminar con el Señor hay cosas que no entendía del plano sobrenatural, pero cuando las llegué a comprender, apliqué lo que sabía y me fue mejor.

Un espíritu familiar social es un espíritu que se mete en nuestra cultura cotidiana y se manifiesta como normal para que pueda ser aceptado fácilmente. Si Dios abriera nuestros ojos para ver los espíritus operando tras bastidores de las prácticas culturales en las que participamos todos los días, no sería una imagen agradable. La meta del dios de este mundo es disfrazar a personas, lugares y cosas para que sean aceptables socialmente. Para que yo pueda explicar la misión del dios de este mundo, debo abordar la jerarquía satánica.

La jerarquía del reino de las tinieblas

Porque no tenemos lucha contra sangre y carne, sino contra *principados*, contra *potestades*, contra los *gobernadores de las tinieblas de este siglo*, contra *huestes espirituales de maldad en las regiones celestes.*

—Efesios 6:12, énfasis añadido

Efesios 6:12 nos da una alineación clara del sistema jerárquico del orden satánico del reino de las tinieblas.

1. Principados (*arche*): primeros en rango, jefes del mundo de las tinieblas que operan desde el más alto nivel del reino satánico (continentes, países, regiones, estados, ciudades, condados o municipios, etc.).

2. Potestades (*exousia*): especialistas demoniacos, como agentes espirituales de la CIA o del FBI.

3. Gobernadores de las tinieblas de este siglo (*kosmokrator*): espíritus con contacto directo con sus objetivos (vecindarios, familias, individuos).

4. Huestes espirituales de maldad en las regiones celestes (*poneria*): espíritus que provocan degeneración continua por medio de su influencia (idolatría, iniquidad, malicia y pecado).

En mi libro *¡Devuélvelo!* Enseño a profundidad sobre todos los rangos de la jerarquía satánica y sus comisiones. El rango en el que me quiero enfocar es el tercero: «gobernadores de las tinieblas de este siglo». La palabra griega para «gobernador» es *kosmokrator*, que significa: dios del cosmos. El sustantivo griego *kosmos* en forma de verbo es *kosmeo*, que significa: arreglar, adornar o poner en orden. Es de aquí que tomamos la palabra «cosmético». La misión del *kosmokrator* es cubrir las tinieblas para hacerlas aceptables para los seres humanos. Yo solía organizar unos congresos llamados «Ya no te escondas detrás del lápiz labial». La idea era que, como mujeres, sabemos que podemos cubrir algunas cosas con cosméticos. Podemos esconder nuestras imperfecciones con maquillaje y pintalabios. Pero si usted tiene manchas en su espíritu y en su alma, no importa cuánto trate de cubrirlas, las cicatrices internas seguirán allí. Esta es la obra del *kosmokrator*, quién es hábil en esconder las cosas cosméticamente para que las aceptemos y vivamos con ellas.

Estos gobernadores de las tinieblas hacen que los fetiches parezcan modas pasajeras y que la brujería parezca tradiciones, religiones o agendas políticas y sociales. Hacen que el asesinato de los no nacidos parezca una decisión de vida y la homosexualidad un estilo de vida. Son expertos en hacer que la gente adore al diablo sin saberlo.

Por eso, la Biblia nos advierte a no dar lugar al diablo (Efesios 4:27). La meta principal del diablo en la vida de un creyente es tener acceso. La palabra «lugar» en Efesios 4:27 es *topos* en el griego, y el significado de este pasaje no es difícil de dilucidar:

- No le dé al enemigo una oportunidad.
- No permita al enemigo en su territorio (el área en la que usted opera).
- No le dé al enemigo licencia o derecho legal para infiltrar su espacio.

Déjeme decir esto: ¡la ignorancia le da acceso al diablo! En otras palabras, lo que usted no sabe puede dañarlo. Lo que usted no sabe puede detenerlo de ir al siguiente nivel que Dios ha planeado para usted.

HUESTES ESPIRITUALES DE MALDAD EN LAS REGIONES CELESTES

La influencia demoniaca del segundo cielo es este cuarto rango de actividad demoniaca y está diseñado para empeorar las cosas en el mundo. El apóstol Pablo le llama a esta influencia demoniaca: «Malignas fuerzas espirituales del cielo» (Efesios 6:12, DHH). Esta actividad satánica tiene la misión de infiltrar toda forma de medio de comunicación, la educación, las entidades gubernamentales, el deporte profesional y los centros de operaciones denominacionales, por nombrar algunos. Influencian, infiltran y degeneran por medio de incrementar la maldad (pecaminosidad e idolatría) en sus territorios.

Idolatría parece una palabra profunda en el espíritu, pero es realmente simple. Es la adoración de una imagen u objeto creado. Tiene formas distintas como fetichismo, adoración de la naturaleza y adoración de los ancestros.

En el Antiguo Testamento, Dios castigó a su pueblo por jugar con ídolos como becerros de oro e imágenes grabadas, pero en el Nuevo Testamento la idolatría está conectada con la avaricia (codicia). Se convierte en un asunto del corazón. Sea que una imagen antigua represente un dios falso o un objeto moderno represente la última tendencia de la moda o novedad tecnológica, el dios de este mundo ha arreglado las cosas de tal forma que sean atractivas a los ojos y traigan anhelo al corazón.

No estoy diciendo algo extraño, solamente estoy reiterando la Palabra del Señor. En 1 Juan 2:16 dice: «Porque todo lo que hay en el mundo, los deseos de la carne, los deseos de los ojos, y la vanagloria de la vida, no proviene del Padre, sino del mundo», o del dios de este mundo.

A causa de estas manifestaciones de codicia y orgullo, a muchos de los hijos de Israel se les prohibió entrar en la Tierra Prometida. Inclinaron sus corazones al dios ídolo Baal-peor (cuyo nombre significa: señor de la apertura). Los israelitas cayeron en la práctica de adorar a este dios moabita. No entendieron que, al practicar estos rituales, todo un plano demoniaco se les había abierto. Como resultado no se les permitió entrar a la tierra que Dios les había prometido.

> Así acudió el pueblo a Baal-peor; y el furor de Jehová se encendió contra Israel. Y Jehová dijo a Moisés: Toma a todos los príncipes del pueblo, y ahórcalos ante Jehová

delante del sol, y el ardor de la ira de Jehová se apartará de Israel.

—Números 25:3–4

He aquí, por consejo de Balaam ellas fueron causa de que los hijos de Israel prevaricasen contra Jehová en lo tocante a Baal-peor, por lo que hubo mortandad en la congregación de Jehová.

—Números 31:16

¿No ha sido bastante la maldad de Peor, de la que no estamos aún limpios hasta este día, por la cual vino la mortandad en la congregación de Jehová?

—Josué 22:17

Se unieron asimismo a Baal-peor, y comieron los sacrificios de los muertos.

—Salmo 106:28

Como uvas en el desierto hallé a Israel; como la fruta temprana de la higuera en su principio vi a vuestros padres. Ellos acudieron a Baal-peor, se apartaron para vergüenza, y se hicieron abominables como aquello que amaron.

—Oseas 9:10

En estos ejemplos del Antiguo Testamento, los espíritus que vinieron en forma de ídolos engañaron al pueblo de Dios para caer en idolatría. La mayor parte de la idolatría tiene su raíz en el fetichismo. En resumen, un fetiche es un objeto que tiene un espíritu adjunto. Si no estamos alerta, podemos abrir puertas a espíritus familiares en nuestra vida y hogar simplemente por los artículos que poseemos y las prácticas que mantenemos.

> Aviso de revelación: La ignorancia le da acceso al diablo; lo que usted no sabe puede dañarlo. Lo que usted no sabe puede detenerlo de ir al siguiente nivel que Dios ha planeado para usted.

¿QUÉ ES UN FETICHE?

Un fetiche es un objeto conectado directamente con la hechicería a causa del poder demoniaco que tiene adjunto (encanto, amuleto, talismán o artículo de la suerte). Un fetiche también puede ser una obsesión o preocupación con una persona, lugar o cosa; un tipo de idolatría.

Un testimonio sobre fetichismo

Recuerdo cuando un ministro vino a mi iglesia y enseñó sobre fetichismo. Este ministro vino a mi iglesia como una aspiradora espiritual. Por fe, me deshice de cada objeto del que me instruyó que me deshiciera.

Una joven que era miembro de mi iglesia vino a mi casa a conversar conmigo sobre un asunto que no tenía relación con eso. Ella había asistido al servicio donde el ministro había enseñado sobre fetichismo. Al salir por la puerta, ella meneó la cabeza y me dijo: «¡Necesitas sacar de tu casa esas mesas con patas de animales!».

Yo era nueva en el ministerio, y mi discernimiento no estaba donde debería con respecto a los objetos demoniacos. No le presté atención. De hecho, estaba contenta de que se hubiera ido de la casa porque se encontraba disgustada por el asunto del que habíamos hablado.

Esa noche cuando me acosté, soñé que esas mesas con pezuñas de animales estaban corriendo por la casa. Le apuesto que no tiene que preguntarse si esas mesas se quedaron mucho tiempo más en mi casa. Fue tan real el sueño que cuando desperté, ¡me llevé esas mesas de vuelta a la tienda! Había tenido esas mesas un tiempo, pero una vez que fueron expuestas, se manifestaron. Jamás he comprado muebles con patas de animales (o cualquier tipo de animismo) desde entonces. Sé que acabo de perder a algunos lectores que no pueden comprender lo que acabo de decir acerca de los muebles. Bueno, estoy a punto de perder algunos más con este siguiente testimonio.

Después de aprender acerca de los fetiches y del propósito original de las muñecas, me rehusé a tener una muñeca en mi casa. La mayoría de la gente considera que las muñecas son solo otro juguete para niños cuando, de hecho, históricamente las muñecas han tenido un valor espiritual, a menudo siendo utilizadas como parte de rituales ocultos antes de ser dadas a los niños. *Las akua'ba* son un ejemplo de muñecas rituales elaboradas por tribus de Ghana. Las mujeres que quieren tener hijos llevan consigo una *akua'ba* para incrementar sus oportunidades de concebir. Esta práctica en alguna manera antigua ha caído en desuso, pero algunos todavía creen en las *akua'ba*, y muchos los consideran buena suerte tener una.[1] Muchas religiones consideran que las muñecas son intermediarias en el plano espiritual para ser manipuladas con propósitos rituales o para representar a diosas o dioses específicos o para conferir favor. La mayoría está familiarizada con la práctica vudú de realizar encantamientos sobre una persona en particular por medio de clavar alfileres en una muñeca. Los indígenas estadounidenses tienen efigies hechas de maíz o de otros materiales rituales y los utilizan en ceremonias tradicionales. Los que practican la brujería europea y la magia popular utilizan muñecas *poppet* para lanzar encantamientos. Y la lista sigue.

Cuando mis hijos gemelos eran bebés y estaban en su cuna y mi hija Faith tenía unos cuatro años, mi hijo mayor, Mike-Mike, quien estaba en la universidad, insistió en comprarle a su hermanita una muñeca. Pensé para mí misma: «Quizá estoy siendo demasiado dura. ¿Qué daño puede hacer?». Mike-Mike le compró a Faith una muñeca con patines. En ese tiempo, Faith dormía en la misma habitación donde estaba la cuna de los gemelos. Un día fui a la habitación de los niños, y la muñeca estaba metida de cabeza en el bote de la basura. Corrí con Faith para preguntarle por qué la muñeca estaba en la basura. Dijo que la muñeca la había estado atormentando a ella y a los gemelos toda la noche, diciendo cosas malas y riéndose de ellos.

Cuanto tu hija de cuatro años mete una muñeca de cabeza en el bote de basura y te dice que la muñeca la estaba atormentando, es bastante obvio que esa cosa necesita irse. Mi consejo para los padres es que el mundo espiritual es real, así que no ignoren a sus hijos. Quizá la muñeca no habló en realidad, pero yo sabía que mi hija estaba sintiendo algo en el espíritu. Los niños son muy sensibles en el espíritu. Les dije a mis hijos que el coco sí existe y que hay cosas que asustan o hacen ruido por la noche. En otras palabras, hay bien y mal. Enséñeles a sus hijos que estas cosas son reales y también enséñeles que mayor es Él que está en ellos que el que está en el mundo (1 Juan 4:4).

Algunas personas tienen una mentalidad tan secular y carnal que no entienden las cosas del espíritu: que el plano espiritual es real. Si la gente tuviera una mentalidad más espiritual, podríamos ayudar a muchas personas a las que se les han diagnosticado problemas psicológicos que en realidad están batallando con problemas espirituales. Algunas personas terminan viendo cosas en el plano espiritual y no tienen ni idea de cómo procesar lo que están viendo. Muchas personas están en instituciones mentales porque tienen dones para «ver» cosas. Terminan hablando con los espíritus. A estas personas con frecuencia les va mejor con oración que con medicamentos.

Creo que ya sabe que esa muñeca y todas las demás fueron historia en mi casa. Esto no va a suceder en todas las casas. Hay cosas que tienen una naturaleza demoniaca que pueden permanecer escondidas en su residencia para siempre. Pero si usted crea una atmósfera de santidad y búsqueda de Dios, todo lo que no sea conforme a Dios saldrá de su escondite y será expuesto.

El discernimiento que viene de su relación con Dios es su arma principal en esta área. Solo Dios puede confirmar lo que está bien y lo que está mal en su corazón. Los ministros pueden orar por su casa para que se vacíe de esas cosas, y le pueden aconsejar los pasos que usted necesita tomar, pero usted también debe tener una revelación y soltar el objeto de su corazón.

¿PUEDE UN OBJETO MALDECIR SU AMBIENTE?

Para responder esta pregunta, debemos primero considerar la Palabra de Dios.

Pero los hijos de Israel cometieron una prevaricación en cuanto al anatema; porque Acán [...] tomó del anatema; y la ira de Jehová se encendió contra los hijos de Israel.

Después Josué envió hombres desde Jericó a Hai [...] y les habló diciendo: Subid y reconoced la tierra. Y ellos subieron y reconocieron a Hai.

Y volviendo a Josué, le dijeron: No suba todo el pueblo, sino suban como dos mil o tres mil hombres, y tomarán a Hai; no fatigues a todo el pueblo yendo allí, porque son pocos. Y subieron allá del pueblo como tres mil hombres, los cuales huyeron delante de los de Hai. Y los de Hai mataron de ellos a unos treinta y seis hombres, y los siguieron desde la puerta hasta Sebarim, y los derrotaron en la bajada; por lo cual el corazón del pueblo desfalleció y vino a ser como agua.

Entonces Josué rompió sus vestidos, y se postró en tierra sobre su rostro delante del arca de Jehová hasta caer la tarde, él y los ancianos de Israel; y echaron polvo sobre sus cabezas. Y Josué dijo: ¡Ah, Señor Jehová! ¿Por qué hiciste pasar a este pueblo el Jordán, para entregarnos en las manos de los amorreos, para que nos destruyan? ¡Ojalá nos hubiéramos quedado al otro lado del Jordán! ¡Ay, Señor! ¿qué diré, ya que Israel ha vuelto la espalda delante de sus enemigos? Porque los cananeos y todos los moradores de la tierra oirán, y nos rodearán, y borrarán nuestro nombre de sobre la tierra; y entonces, ¿qué harás tú a tu grande nombre?

Y Jehová dijo a Josué: Levántate; ¿por qué te postras así sobre tu rostro? Israel ha pecado, y aun han quebrantado mi pacto que yo les mandé; y también han tomado del anatema, y hasta han hurtado, han mentido, y aun lo han guardado entre sus enseres. Por esto los hijos de Israel no podrán hacer frente a sus enemigos, sino que delante de sus enemigos volverán la espalda, por cuanto han venido a ser anatema; ni estaré más con vosotros, si no destruyereis el anatema de en medio de vosotros.

Levántate, santifica al pueblo, y di: Santificaos para mañana; porque Jehová el Dios de Israel dice así: Anatema hay en medio de ti, Israel; no podrás hacer frente a tus enemigos, hasta que hayáis quitado el anatema de en medio de vosotros.

—Joshua 7:1–13

Hay muchas cosas que están sucediendo en este pasaje de la Escritura.

+ El pueblo de Dios violó la instrucción de Dios con respecto a las cosas dedicadas para destrucción (la versión Reina-Valera 1960 le llama «anatema»).
+ La ira del Señor se encendió en su contra.
+ Sus espías subestimaron al enemigo (en otras palabras, dijeron: «¡No creo todo eso!»).
+ Josué envió tres mil hombres y el enemigo mató a treinta y seis de ellos.
+ Cuando Josué clamó al Dios, el Señor le dijo: «Levántate» (no era tiempo de orar; era momento de obedecer al Señor).

+ A causa de la desobediencia los hijos de Israel no pudieron resistir delante de su enemigo.

+ Finalmente, Dios les dijo que se santificaran para mañana (no tenía sentido llorar por la leche derramada o por lo que sucedió ese día).

Los hijos de Israel tuvieron tres *strikes:*

1. Tomaron una de las cosas que Dios había destinado a ser destruidas.

2. Hurtaron y mintieron.

3. Guardaron el anatema entre sus enseres.

Dios parece destacar el hecho de que guardaron el anatema entre sus enseres. Hubo una mezcla espiritual de cosas que era una abominación para Dios.

También encuentro interesante que estos espías dieron al enemigo por sentado. Le dijeron a Josué que enviara dos o tres mil guerreros porque el pueblo enemigo era muy poco. Esto deja ver claramente que Josué y su ejército se habían vuelto bastante cómodos. Algunas veces debemos tener cuidado de no ponernos tan cómodos en la batalla que obtengamos un espíritu familiar. Déjeme explicar.

Cuando el primer grupo de espías entraron con Josué y Caleb, regresaron con el reporte de que había gigantes en la tierra. El reporte fue que estas personas eran demasiado grandes y bastante numerosas. Después de entrar en la Tierra Prometida y muchas guerras después, el mismo ejército tenía una estrategia distinta. Esta vez los espías testificaron que estas personas eran demasiado pocas.

Creo que podemos aprender una lección con respecto a familiarizarse con la guerra. Pienso que esta lección es sobre el anatema. Pero es importante saber que al hacer guerra territorial no podemos planear nuestras estrategias con base en el tamaño de la batalla. En la guerra debemos aprender a matar una mosca con un martillo y, por el otro lado, matar a un gigante con una pequeña piedra lisa.

La desobediencia trae maldición

¿Qué fue lo que hizo que el anatema fuera maldito? La respuesta a esto es fácil. No se trataba del objeto, porque la Biblia no da más detalles de lo que era. Creo que fue la desobediencia lo que trajo maldición a todo el campamento. Observe que no fue solo la tienda de Acán lo que fue maldito, sino todo el ejército de Israel no podía resistir delante de sus enemigos. No era una maldición familiar o una maldición sobre un individuo, sino una maldición territorial sobre una nación entera.

Después de que Josué se hiciera famoso por ganar la batalla de Jericó y experimentara la emoción por la victoria, rápidamente fue reemplazada por la agonía de la derrota. Creo que Dios permitió que Josué y su poderoso ejército experimentaran la derrota después de haber probado la victoria porque así es la vida.

Elías hizo bajar fuego del cielo y derrotó a cuatrocientas brujas y brujos en el Carmelo, solamente para terminar huyendo de Jezabel y retirándose a una cueva unos días después (vea 1 Reyes 18–19). Pablo lo dijo en una mejor manera: «Sé vivir humildemente, y sé tener abundancia; en todo y por todo estoy enseñado, así para estar saciado como para tener hambre, así para tener abundancia como para padecer necesidad» (Filipenses 4:12).

Debemos ser estratégicos en nuestras tácticas de oración de guerra. En 2015 me encontraba en campaña para ser reelegida para mi posición en el ayuntamiento de la ciudad. La batalla fue grande. Muchos ataques provenían de muchas direcciones. Hice todo lo que sabía para obedecer a Dios y cumplir con su voluntad para mi vida. Nunca busqué al Señor con respecto a tramitar mi reelección. Ya tenía el escaño, y simplemente parecía lo correcto. Dios proveyó, y yo me preparé para ganar como me había acostumbrado a hacerlo. Cuando gané mi primer escaño, la gente no sabía quién era. Pero en mi reelección todos sabían que yo era la niña de Dios, y toda persona, lugar y cosa que odiaban a Dios pelearon en mi contra.

Con el espíritu del campeón en mis entrañas, proseguí a la victoria, solo para experimentar una amarga derrota. La campeona en mí no podía concebir la derrota. Mientras veía los resultados de la contienda por televisión, mi espíritu no podía entrar en acuerdo con lo que mis ojos estaban viendo. Volteé a ver a mi hermana y le pregunté: «¿Acabo de perder?». No podía creerlo.

Solo me tomó diez minutos recomponerme al escuchar al Señor hablándome claramente: «¡Yo he hecho esto!». Desde ese momento nunca cuestioné a Dios ni miré para atrás, porque yo sabía que estaba en medio de la voluntad perfecta de Dios.

Aunque mi mente no podía ajustarse a la derrota al principio, mi hombre espiritual debe haber sabido que yo no iba a ganar porque no planeé una fiesta de celebración y ya había empacado mi oficina. Incluso les había pedido a los que me apoyaban que vieran la contienda desde casa.

Mi hombre espiritual sabía que era momento de salir. Se me había acabado el tiempo en el ayuntamiento de la ciudad de Jacksonville. Aunque no sabía adónde iba a ir, mi alma estaba en paz de haber salido de allí. Hay cosas que el Señor me reveló que no puedo escribir en este libro. Pero Dios salvó mi vida, y era tiempo de que yo saliera de allí.

Mis enemigos se regocijaron y mis amigos no lo entendían, pero tenía la determinación de que Dios tenía un plan más grande. Parte de ese plan era que yo experimentara la derrota política. Dios sabía adónde me estaba llevando, y yo tenía que entender la agonía de la derrota en la arena a la que me estaba llevando.

He experimentado la victoria como una deportista de clase mundial, y he experimentado la derrota. Entiendo lo que significa ser una campeona nacional. Pero también entiendo lo que es salir de la pista para ir al fumadero de crack y experimentar la derrota. Sé lo que Pablo quería decir cuando dijo, en mis palabras, debes soportar los buenos tiempos y los malos, las subidas y las bajadas.

En mayo de 2015 Dios fortaleció mis lomos espirituales por medio de bendecirme para perder. Proverbios 24:16 dice: «Porque siete veces cae el justo, y vuelve a levantarse; mas los impíos caerán en el mal». No se puede identificar a un hombre justo hasta que cae; o hasta que vemos lo que hace después de caer. Siempre digo que los creyentes no tienen el ministerio de caer; tienen el ministerio de levantarse.

Dios le dijo a Josué: «Levántate. ¿Por qué estás llorando? ¿Por qué has estado orando sobre tu rostro cuando deberías estar obedeciéndome? ¿Por qué debería escucharte cuando no has hecho lo que te pedí primero que hicieras? ¡Levántate y obedéceme!».

En 2016, después de un divorcio terrible, cirugía en el pecho, la pérdida de la reputación que me quedaba, la muerte de mi hermana, el falso arresto de mi hijo, la pérdida de mi escaño y otras cosas de las que no puedo testificar, ¡Dios me dijo que me levantara! Y lo hice.

En agosto de 2016 regresé a la boleta, esta vez para la Casa de Representantes de Florida. El 8 de noviembre de 2016, tomé oficialmente ese escaño. Mientras estoy escribiendo este libro, soy una representante del estado de Florida. Dios me bendijo para patrocinar la ley que trajo de vuelta la oración a las escuelas públicas en Florida durante mi primera sesión en la Casa de Representantes. Todo lo que pasé para llegar a ese lugar con el fin de hacer esto posible valió cada minuto.

> Aviso de revelación: Aunque hay fetiches dedicados a las maldiciones, el anatema en la vida no se trata del objeto, el hurto o la mezcla. Se trata de obediencia a Dios.

Mi testimonio ahora es que le agradezco a Dios por permitirme perder. Los verdaderos campeones sufren grandes pérdidas y regresan más fuertes que antes. La señal de un hombre justo no es que sea perfecto, sino que siempre está «siendo perfeccionado» (Gálatas 3:3) por su habilidad para levantarse después de haber caído.

Ah sí, ¿y el anatema del que habla el libro de Josué? Aunque hay fetiches dedicados a las maldiciones, el anatema en la vida no se trata del objeto, el hurto o la mezcla. Se trata de obediencia a Dios.

Cuando el rey Saúl no destruyó a Agag (como Dios le mandó) después de la batalla, el profeta Samuel le advirtió que la obediencia era mejor que el sacrificio (1 Samuel 15:22). Acán tomó el anatema de la batalla. El rey Saúl tomó a Agag de la batalla. Lo mejor que usted puede saber acerca de los fetiches, las maldiciones y las batallas territoriales es que la obediencia es mejor que el sacrificio. Para ser obediente, usted debe tener un oído para escuchar lo que el Espíritu del Señor está diciendo. Mi oración es que después de leer este capítulo, cuando usted haga guerra, su discernimiento sea más agudo para saber cuando mantenerse, cuando dejar de seguir adelante, cuando alejarse y cuando huir.

DIOSES DOMÉSTICOS

Y al tercer día fue dicho a Labán que Jacob había huido. Entonces Labán tomó a sus parientes consigo, y fue tras Jacob camino de siete días, y le alcanzó en el monte de Galaad. Y vino Dios a Labán arameo en sueños aquella noche, y le dijo: Guárdate que no hables a Jacob descomedidamente.

Alcanzó, pues, Labán a Jacob; y éste había fijado su tienda en el monte; y Labán acampó con sus parientes en el monte de Galaad. Y dijo Labán a Jacob: ¿Qué has hecho, que me engañaste, y has traído a mis hijas como prisioneras de guerra? ¿Por qué te escondiste para huir, y me engañaste, y no me lo hiciste saber para que yo te despidiera con alegría y con cantares, con tamborín y arpa? Pues ni aun me dejaste besar a mis hijos y mis hijas. Ahora, locamente has hecho. Poder hay en mi mano para haceros mal; mas el Dios de tu padre me habló anoche diciendo: Guárdate que no hables a Jacob descomedidamente. Y ya que te ibas, porque tenías deseo de la casa de tu padre, ¿por qué me hurtaste mis dioses?

Respondió Jacob y dijo a Labán: Porque tuve miedo; pues pensé que quizá me quitarías por fuerza tus hijas. Aquel en cuyo poder hallares tus dioses, no viva; delante de nuestros hermanos reconoce lo que yo tenga tuyo, y llévatelo. Jacob no sabía que Raquel los había hurtado.

Entró Labán en la tienda de Jacob, en la tienda de Lea, y en la tienda de las dos siervas, y no los halló; y salió de la tienda de Lea, y entró en la tienda de Raquel. Pero tomó Raquel los ídolos y los puso en una albarda de un camello, y se sentó sobre ellos; y buscó Labán en toda la tienda, y no los halló.

Y ella dijo a su padre: No se enoje mi señor, porque no me puedo levantar delante de ti; pues estoy con la costumbre de las mujeres. Y él buscó, pero no halló los ídolos.

—Génesis 31:22–35

Este pasaje de la Escritura cuenta la historia de Jacob, Labán y las hijas de Labán. Es una historia popular acerca de Jacob quien trabajó muchos años para casarse con las hijas de Labán bajo el velo del engaño. Aunque quiero llegar a la explicación del significado del dios doméstico, primero debo abordar el asunto del espíritu de mentira. Este espíritu mentiroso parece ser un demonio familiar que viaja a través del linaje. Los espíritus se sienten cómodos en los linajes. Les gusta quedarse en la familia.

La Biblia nos dice que Abraham le mintió al rey, al decirle que Sara no era su esposa (vea Génesis 12). Años más tarde Isaac dijo la misma mentira, al decirle a Abimelec que Rebeca no era su esposa (vea Génesis 26). Más tarde en el libro de Génesis, en la historia acerca de Esaú y Jacob, su madre, Rebeca, mintió y engañó a Isaac con respecto a la transmisión de la herencia (vea Génesis 27). Y luego, la relación completa entre Labán, Jacob y las esposas de Jacob estuvo basada en una mentira.

El espíritu mentiroso está marcado por la falsedad. Jacob reconoció que Labán lo había estado engañando de hacía tiempo y decidió dejar su campamento. Sin importar lo engañoso que fuera Labán para operar con Jacob, en alguna forma todavía sentía que Jacob debía operar con honestidad para con él.

El revuelo de toda la situación en Génesis 31 tenía que ver con los dioses domésticos. La esposa de Jacob, Raquel, robó los dioses domésticos de Labán. Los dioses domésticos eran llamados terafines. Se pensaba que los terafines eran un amuleto de buena suerte para traer prosperidad. Estaban hechos con forma humana.[2]

Al escudriñar las Escrituras, descubrí que Mical, la esposa de David, preparó un terafín doméstico y lo acostó en la cama de David y les dijo a los mensajeros de Saúl que estaba enfermo (vea 1 Samuel 19). Los terafines eran espíritus familiares que operaban a través de dioses domésticos ancestrales mediante la superstición. Era raro que un ídolo ancestral pudiera estar en casa de David. Los historiadores piensan que podría haber provenido de la casa del padre de Mical, el rey Saúl. La Biblia dice que Saúl, además de recurrir a la brujería, también tenía terafines para aliviarlo de los espíritus malos (vea 1 Samuel 15:23

y 28). Cuando Josías derribó los lugares altos de Israel estaba tratando con los dioses domésticos llamados terafines (vea 2 Reyes 23). El fetiche que Acán tenía en el campamento era llamado anatema; según la literatura rabínica *terafines* significa: cosas vergonzosas.[3]

En la historia de Labán, se puede ver claramente lo importante que estos dioses domésticos eran para él. Eran objetos de buena fortuna o de buena suerte. Estos objetos no eran solamente ídolos o dioses, sino que estaban conectados con la familia; era un fetiche o un tipo de reliquia familiar idolátrica.

Leamos 1 Pedro 5:8–11:

> Sed sobrios, y velad; porque vuestro adversario el diablo, como león rugiente, anda alrededor buscando a quien devorar; al cual resistid firmes en la fe, sabiendo que los mismos padecimientos se van cumpliendo en vuestros hermanos en todo el mundo. Mas el Dios de toda gracia, que nos llamó a su gloria eterna en Jesucristo, después que hayáis padecido un poco de tiempo, él mismo os perfeccione, afirme, fortalezca y establezca. A él sea la gloria y el imperio por los siglos de los siglos. Amén.

Cuando una maldición generacional opera en la familia de Dios, el resultado final es devastación. Sea por medios naturales o sobrenaturales, debemos ser cuidadosos con lo que exponemos a nuestras familias. Incluso con nuestras confesiones y hábitos diarios podemos entrampar a nuestras futuras generaciones.

Por ejemplo, usted no va a oír a mis hijos decir que tienen suerte. En nuestra casa no creemos en la suerte. Confesamos las bendiciones. Y si no creemos en la suerte, por supuesto la mala suerte no es una opción. Le enseño a mis hijos que las personas son ya sea bendecidas o maldecidas. Deuteronomio 30:19 dice: «A los cielos y a la tierra llamo por testigos hoy contra vosotros, que os he puesto delante la vida y la muerte, la bendición y la maldición; escoge, pues, la vida, para que vivas tú y tu descendencia».

Siempre le digo a la gente que cuando somos liberados, no solamente somos liberados para nosotros mismos, sino que somos liberados para nuestras generaciones. Los demonios a los que me aferré asediarán a mis generaciones futuras. He escrito muchos libros, predicado muchos mensajes y vendido mucho material ministerial. El CD número uno en ventas a lo largo de veinticinco años es *House Blessing* [Bendición de la casa]. La gente ha comprado este CD en todo el mundo y lo han puesto en su casa y el poder de las tinieblas ha sido quebrantado. Así como el diablo puede maldecir objetos, Dios puede ungir cosas, pero la unción es abrumadoramente más poderosa que cualquier maldición. Recuerde, cuando se trata de maldiciones generacionales, se remontan a cuatro generaciones, pero las bendiciones continúan a miles de generaciones.

Voy a hablar más acerca de maldiciones generacionales y demonios familiares en otro capítulo más adelante, pero déjeme hacer esta oración sobre su familia.

Dios, anulo y remuevo el poder de cada demonio familiar y dios doméstico. Que cada terafín escondido en el linaje de las familias sea destruido por la sangre de Jesús. Que haya paz dentro de los muros y prosperidad en el hogar del pueblo de Dios. Que no les sobrevenga ningún mal, ni plaga toque su morada. Caerán a su lado mil y diez mil a su diestra, y las casas de las que se habla en esta oración serán benditas. Profetizo que se construirán casas por medio de sabiduría con fundamentos y columnas fuertes, y que cada miembro de la familia se acostará con dulces sueños, descanso divino y seguridad sobrenatural. Señor, te agradezco por casas que sean llenas de tu gloria y que las bendiciones de Obed-Edom sean sobre cada hogar porque el arca de Dios mora dentro de sus paredes.

Ahora confiese estas escrituras sobre su familia:

Honra a tu padre y a tu madre, para que tus días se alarguen en la tierra que Jehová tu Dios te da.

—ÉXODO 20:12

Y si mal os parece servir a Jehová, escogeos hoy a quién sirváis; si a los dioses a quienes sirvieron vuestros padres, cuando estuvieron al otro lado del río, o a los dioses de los amorreos en cuya tierra habitáis; pero yo y mi casa serviremos a Jehová.

—JOSUÉ 24:15

Mas la misericordia de Jehová es desde la eternidad y hasta la eternidad sobre los que le temen, y su justicia sobre los hijos de los hijos; sobre los que guardan su pacto, y los que se acuerdan de sus mandamientos para ponerlos por obra.

—SALMO 103:17–18

¡Mirad cuán bueno y cuán delicioso es habitar los hermanos juntos en armonía!

—SALMO 133:1

En todo tiempo ama el amigo, y es como un hermano en tiempo de angustia.

—PROVERBIOS 17:17

El hombre que tiene amigos ha de mostrarse amigo; y amigo hay más unido que un hermano.

—PROVERBIOS 18:24

Instruye al niño en su camino, y aun cuando fuere viejo no se apartará de él.

—PROVERBIOS 22:6

Mucho se alegrará el padre del justo, y el que engendra sabio se gozará con él.

—PROVERBIOS 23:24

Pues si vosotros, siendo malos, sabéis dar buenas dádivas a vuestros hijos, ¿cuánto más vuestro Padre celestial dará el Espíritu Santo a los que se lo pidan?

—LUCAS 11:13

Y vosotros, padres, no provoquéis a ira a vuestros hijos, sino criadlos en disciplina y amonestación del Señor.

—EFESIOS 6:4

Porque si alguno no provee para los suyos, y mayormente para los de su casa, ha negado la fe, y es peor que un incrédulo.

—1 TIMOTEO 5:8

CAPÍTULO 6

NACIÓN DIVA

RECORDARÁ QUE EN el capítulo anterior hablamos de los israelitas haciendo sacrificios a Baal-peor. No creo que lo hayan hecho a sabiendas. Quedaron atrapados en la cultura de los moabitas e hicieron lo que parecía ser socialmente aceptable. Sin saberlo adoraron este ídolo. Pablo les dijo a los atenienses que él observaba su devoción mientras adoraban en un altar con la inscripción «AL DIOS NO CONOCIDO» (Hechos 17:23).

¿Será posible que algunas de nuestras prácticas sociales modernas podrían ser descritas como adoración en el altar de un espíritu no conocido? Así lo creo, y un ejemplo perfecto es la práctica de las mujeres etiquetándose como «divas». Sé que voy en el camino correcto porque investigué el tema de las divas en el internet mientras estaba escribiendo mi libro, *El diccionario sobre los demonios*. En ese tiempo encontré que una diva se define como una diosa o una mujer que es adorada. Investigué más al escribir este libro, y no encontré nada bueno acerca del nombre diva. Pero sí encontré las siguientes definiciones adicionales:

+ Estafadora
+ Una mujer que debe salirse con la *suya* o *no* hay trato
+ Una mujer malcriada, egoísta, demasiado dramática
+ Una mujer mundana con valores materialistas

A pesar de la connotación negativa de la palabra, la sociedad en su conjunto y ahora incluso aquellos dentro de la iglesia han abrazado la palabra. Tienen «congresos para divas» o usan la palabra en otras maneras. De ninguna manera estoy juzgando a los ministerios que hacen esto. Estoy presentando esta información para que la gente pueda decidir. Hay otro lado de la historia cuando se trata del uso de esta palabra.

Creo que Dios quiere liberarnos de ser lo que yo llamo una «nación diva». No creo que sea una coincidencia que la frase *nación diva* sea tan semejante a la palabra *adivinación*. Entiendo que algunas personas que lean este capítulo dirán que me he vuelto loca, y no están lejos de la verdad. He perdido mi mente natural en un sentido en el que he obtenido la mente de Cristo. Lo invito a unirse a mí. Permita que la Palabra de Dios renueve su mente de cosas seculares comunes que puedan permitir a los demonios operar tras bastidores en su vida.

Si usted es una mujer de Dios, la aliento a proseguir hacia el supremo llamamiento. La sociedad rehúye llamarnos por lo que somos realmente: profetisas, apóstoles y pastoras. No permitamos que nos etiqueten como divas. Los títulos y los nombres son sumamente importantes en el plano espiritual. Cada vez que alguien lo llame por un título o un nombre, el significado es reforzado en su vida (si usted lo recibe). La gente me llama por nombres que no soy, pero me rehúso a recibirlos. Soy una hija del Rey, una heredera de Dios y coheredera con Cristo. Soy una sierva del Altísimo con un mandato apostólico a las naciones. No soy una diva, y renuncio a todo espíritu que venga con ese título.

> **Aviso de revelación:** No creo que sea una coincidencia que la frase nación diva sea tan semejante a la palabra adivinación.

PARARSE EN LA BRECHA

Para cada mujer que quiera responder al supremo llamamiento de Dios, tengo el mensaje siguiente: Dios la está llamando para estar en el muro y pararse en la brecha. La brecha es un lugar de guerra espiritual. En la brecha usted se coloca espiritualmente entre el diablo y lo que esté tramando hacer. En el muro, usted permanece como atalaya, declarando la protección sobrenatural de Dios para un área específica, que para usted puede ser su hogar. Como el enemigo está acechando buscando devorar, también somos llamados a vigilar para que Satanás no pueda penetrar nuestros muros.

Esposas, como la corona de su marido (Proverbios 12:4), deben ser las leonas espirituales de su casa, un radar espiritual que rodea y protege su hogar en la manera en que una leona protege a los que están bajo su cuidado de la infiltración del enemigo. Dios la está llamando a clamar a Él a favor de sus hijos y sus familias. «Levántate, da voces en la noche, al comenzar las vigilias; derrama como agua tu corazón ante la presencia del Señor; alza tus manos a él implorando la vida de tus pequeñitos, que desfallecen de hambre en las entradas de todas las calles» (Lamentaciones 2:19).

Creo que Dios pone una unción especial en las mujeres para interceder por nuestras familias. Hay gran poder en las oraciones de una esposa o de una madre por su familia. La persistencia en la oración es la manera en la que permanecemos en su presencia mientras levantamos nuestras manos, echando nuestra ansiedad sobre Él.

Junto con esta unción especial para interceder por nuestras familias, creo que Dios también puso fuego en nuestra boca para decretar las palabras del Señor en los hogares y en la iglesia. Es un pecado cerrar nuestra boca en desobediencia al mandato de Dios sobre nuestra vida. El diablo ha estado ocupado un largo tiempo diciéndonos a las mujeres que debemos guardar silencio, particularmente en la iglesia. Es una mala interpretación de la Escritura decir que la mujer debe guardar silencio y que no se le debe permitir hablar en la iglesia.

Cuando Pablo escribió 1 Corintios 14:31–35, muchas mujeres de esa época asistían a la iglesia. No obstante, se sentaban con las otras mujeres en un lugar aparte, separado de los hombres. Si una esposa tuviera una pregunta para su marido tenía que gritar desde el otro lado de la habitación. Por supuesto, eso interrumpía el servicio. Por eso, Pablo instruye a las mujeres que no hablen en la iglesia, sino que al ir a casa hablaran de sus preguntas con su marido.

Con el fin de entender esto un poco mejor, veamos algunas palabras usadas en este pasaje de 1 Corintios, tomando en consideración los significados griegos en el contexto de la cultura de la época. *Manthano* es la palabra griega para «aprender». Significa: aprender en cualquier manera posible que pudiera llevar a una persona a obtener un mejor entendimiento. *Hupotasso* es la palabra griega para «sujeción y obediencia» y significa: ser puesto bajo autoridad con el propósito de tener orden. *Akatastasia* es la palabra griega para «confusión» y significa: inestabilidad, desorden, conmoción y tumulto. *Eirene* es la palabra griega para *paz*, que significa: prosperidad, tranquilidad y reposo que reinicia las cosas de nuevo. *Sigao* es la palabra griega para «silencio» y significa: mantenerse cerca y guardar silencio. Y *laleo*, la palabra para «hablar», significa: predicar; está relacionada con otra palabra griega, *lego*, que significa: romper el silencio.

Cuando estudié el significado en griego de estas palabras en el contexto de la época de Pablo, llegué a una interpretación distinta de 1 Corintios 14:31–35. Tenga en mente que Pablo le estaba enseñando a la gente sobre el tema del *orden en la iglesia*. No era un mensaje acerca de género. Era acerca de orden. Este era un tema importante para la primera iglesia porque nadie sabía realmente cómo fluir en los dones del Espíritu que habían penetrado a la iglesia tan recientemente. Pablo no quería que la confusión y el desorden trajeran vergüenza a la obra del Espíritu Santo. Les estaba instruyendo a los hombres y a las mujeres que no tenían interpretación de una lengua desconocida que guardaran silencio.

¿Por qué? Porque sabía que Satanás quería usar tanto a hombres como a mujeres que no tenían instrucción —nada de educación en la fe y poca o nula comprensión de cómo deberían fluir las cosas en las reuniones públicas— para provocar confusión en la primera iglesia. En el pasaje de Corintios, Pablo les estaba diciendo a algunas de las mujeres que fueran a casa para aprender de sus maridos antes de hablar en la iglesia. Hasta entonces debían permanecer en silencio.

Desde el tiempo del mensaje de Pablo, las mujeres han tenido un tiempo bastante amplio para aprender y practicar cómo conducirse en la iglesia. De hecho, las mujeres representan un porcentaje mucho mayor de congregantes en la iglesia de hoy que los hombres. Silenciar a las mujeres sería silenciar la boca de la iglesia. Débora fue la primera de los jueces en ser llamada profetisa. Con toda seguridad, Dios no le abrió la boca y luego cerró las bocas de todas las mujeres en las generaciones después de ella. Así que, la palabra del Señor para ustedes mujeres de Dios es: «Abra su boca, prepárese en la fe y mantenga el orden».

¡ROMPA EL SILENCIO!
¡DECRETE, DECLARE, PROCLAME, PROFETICE E INTERCEDA!

Dios les ha dado a las mujeres una voz para que podamos ser una diferencia en nuestra generación. Dondequiera que esté —en casa, el trabajo, el púlpito—, el propósito de Dios es que su voz sea soltada en la Tierra. Usted es su sierva. Él la ha librado del silencio. Como mujer usted puede hacer cualquier cosa siempre y cuando usted no trate de cambiar como la creó Dios. Declaro que no hay nada que una mujer no pueda hacer excepto ser un hombre.

¡Rompa el silencio! ¡Decrete, declare, proclame, profetice e interceda! ¡Dios ha puesto un grito de guerra dentro de las mujeres y el diablo lo sabe! El profeta Jeremías también lo sabía. Escuche lo que dice:

> Así dice Jehová de los ejércitos: Considerad, y llamad plañideras que vengan; buscad a las hábiles en su oficio; y dense prisa, y levanten llanto por nosotros, y desháganse nuestros ojos en lágrimas, y nuestros párpados se destilen en aguas. Porque de Sion fue oída voz de endecha: ¡Cómo hemos sido destruidos! En gran manera hemos sido avergonzados, porque abandonamos la tierra, porque han destruido nuestras moradas. Oíd, pues, oh mujeres, palabra de Jehová, y vuestro oído reciba la palabra de su boca: Enseñad endechas a vuestras hijas, y lamentación cada una a su amiga. Porque la muerte ha subido por nuestras ventanas, ha entrado en nuestros palacios, para exterminar a los niños de las calles, a los jóvenes de las plazas. Habla: Así ha dicho Jehová: Los cuerpos de los hombres muertos caerán como estiércol sobre la faz del campo, y como manojo tras el segador, que no hay quien lo recoja.
>
> —Jeremías 9:17–22

Observe que el mensaje de Jeremías proviene de Dios mismo («Así dice Jehová de los ejércitos»). El pueblo de Dios estaba bajo un gran ataque. Dios instruyó a Jeremías a que llamara a las plañideras, las mujeres que lloraban, para interceder en voz alta, para levantar llanto por nosotros y sobre nosotros de prisa. Luego le dice a Jeremías que instruya a las mujeres a hablar la palabra del Señor: a decretar, declarar, proclamar, profetizar e interceder.

Dabar, la palabra hebrea traducida como «hablar» tiene

muchos significados en hebreo, cada uno de los cuales tiene una aplicación en este pasaje. *Dabar* significa: someter: a las mujeres se les da autoridad para tratar con [sojuzgar a] sus enemigos. También significa: señalar: ordenar; comandar y ofertar: estar a cargo; comunicar: comunicar al pueblo; destruir: abolir y erradicar toda fuerza antagónica; nombrar: designar y nominar; prometer: un llamado a la dedicación y el compromiso; ensayar: ser perfeccionado a través de la práctica de la obediencia; ser un vocero: ser una voz en Sion; enseñar, decir y pensar: impartir sabiduría a otros a través de la manera en que conversan, comunican asuntos y guardan sus pensamientos; y trabajar: laborar y traer la voluntad de Dios por medio de sus labores.

Jeremías estaba emitiendo un llamado de Dios a las mujeres para ser las guardas espirituales. Con esta orden vino el poder para cumplir con todo lo que les fue encomendado. La muerte había llegado al pueblo de Dios, subiendo por sus ventanas, entrando en sus palacios y «exterminar a los niños de las calles, a los jóvenes de las plazas». Jeremías sabía que las plañideras tenían victoria en su vientre a medida que emitían el llamado a reunirse. El diablo no quiere escuchar el clamor de guerra que está dentro de las mujeres. Él hará todo lo que pueda para cerrar nuestra boca.

No puedo hablar por otras mujeres, pero decido ser un terror ungido para el diablo, no una diva. Quiero andar en todo lo que Dios tiene para mí. Las divas no tienen virtud real, solo las virtudes falsificadas del enemigo. Hay una diferencia significativa entre estas virtudes falsificadas y las virtudes de una verdadera mujer de Dios.

CAPÍTULO 7

VIRTUD FALSIFICADA

L A MITOLOGÍA ANTIGUA afecta nuestra cultura moderna mucho más de lo que estamos al tanto. Las enseñanzas de la Nueva Era reforzadas con astrología y mitología son tenidas en alta estima por muchos actualmente. Dan una imagen falsa y fraudulenta de la «mujer ideal» que no tiene semejanza alguna con la descripción de Dios que se encuentra en Proverbios 31. Es importante que entendamos las virtudes falsificadas del enemigo y cómo se relacionan con los espíritus familiares.

Satanás y sus secuaces siempre buscan trabajar en secreto. Harán lo que puedan para permanecer ocultos bajo el disfraz de lo que es familiar y aceptado. Detrás de cada dios mitológico hay un poder demoniaco. Quien se involucre con las tradiciones, culturas y enseñanzas de la astrología y la mitología de hecho está glorificando entidades demoniacas. Las diosas asociadas con las mujeres actuales son un ejemplo fundamental. Tomemos a Afrodita o Venus, la diosa del amor que es estimada por su belleza irresistible. Diana, también conocida como Artemisa, quien es evocada para facilidad en el parto y éxito para correr. Minerva, también conocida como Atenea, a la que se recurre para estrategias inteligentes, sabiduría práctica y habilidades domésticas. También están Deméter o Ceres (fertilidad); Hera o Juno (fidelidad en el matrimonio); Hestia o Vesta (protección en casa y el hogar); y las Musas (inspiración en música y poesía). La gente literalmente ora a estas deidades griegas y romanas por cosas específicas. Durante sus encantamientos

77

los wicca invocan a estos espíritus por nombre. Los científicos, artistas y músicos seculares alaban a las musas por inspiración. De hecho, las entidades mitológicas están representadas en todo, desde caricaturas y cómics al arte clásico.

El asunto no es si estas criaturas mitológicas existieron en realidad, sino más bien que la gente cree que existen y algunos incluso las adoran, oran a ellas y les rinden honor. Algunas personas dependen de estas deidades para suplir sus necesidades.

Dios no quiere que dependamos de nada para nuestras necesidades, excepto de Él. Cuando la gente ora u oye a estas deidades, entretienen espíritus familiares y evocan demonios. Como cristianos, debemos afilar nuestra sensibilidad a los espíritus familiares que intentan infiltrarse en nuestras casas por medio de toda forma de cultura incluyendo el entretenimiento y los medios de comunicación.

Tan hermosos y talentosos como son los artistas, no quiero que sean los mentores de mis hijos. Se me encendió una alarma cuando una artista admitió tener un *alter ego*. Estoy segura de que no tengo que profundizar mucho para explicar que un *alter ego* es un espíritu familiar.

¿QUÉ ES UN *ALTER EGO*?

Un *alter ego* es conjurar a un espíritu familiar para ayudar a una persona a hacer lo que no puede hacer naturalmente o a convertirse en lo que no es en lo natural.

Cuando predico o hablo en cualquier evento, dependo del Espíritu Santo para que me unja y me dé las palabras que debo decir. Las personas que toman o dependen de cualquier espíritu fuera del Espíritu Santo para ayudarlos a ministrar o actuar están entreteniendo espíritus familiares. He sido testigo de cuando los artistas le dan reconocimiento a sus espíritus guías en sus conciertos. Sea que lo hagan consciente o inconscientemente, están conectándose con el lado oscuro.

Como creyentes, deberíamos tener discernimiento (alarmas que suenan en nuestro espíritu) cuando otros espíritus están operando descaradamente. Personalidades famosas con frecuencia hablan de que las mujeres sean «feroces». ¡Una no puede estar en fuego por Dios y ser feroz para el mundo! Mujeres en liderazgo, ustedes deben preguntarse: «¿Quiero estar en fuego o quiero ser feroz?».

Sé que, para este momento, quizá haya ofendido a alguien con lo que estoy diciendo, pero mi motivación es decir la verdad. El evangelio puede ser una piedra de tropiezo ofensiva cuando la gente no quiere escuchar la verdad. Solo la verdad me hace libre. Operar en lo común o familiar va a mantener a la gente atada. Leamos 1 Pedro 2:1–9, 11, 15–17.

> Desechando, pues, toda malicia, todo engaño, hipocresía, envidias, y todas las detracciones, desead, como niños recién nacidos, la leche espiritual no adulterada, para que por ella crezcáis para salvación, si es que habéis gustado la benignidad del Señor.
>
> Acercándoos a él, piedra viva, desechada ciertamente por los hombres, mas para Dios escogida y preciosa, vosotros también, como piedras vivas, sed edificados como casa espiritual y sacerdocio santo, para ofrecer sacrificios espirituales aceptables a Dios por medio de Jesucristo. Por lo cual también contiene la Escritura: He aquí, pongo en Sion la principal piedra del ángulo, escogida, preciosa; y el que creyere en él, no será avergonzado.
>
> Para vosotros, pues, los que creéis, él es precioso; pero para los que no creen, La piedra que los edificadores desecharon, ha venido a ser la cabeza del ángulo; y: Piedra de tropiezo, y roca que hace caer, porque tropiezan en la palabra, siendo desobedientes; a lo cual fueron también destinados.

> Mas vosotros sois linaje escogido, real sacerdocio,
> nación santa, pueblo adquirido por Dios, para que anun-
> ciéis las virtudes de aquel que os llamó de las tinieblas a
> su luz admirable [...].
>
> Amados, yo os ruego como a extranjeros y peregrinos,
> que os abstengáis de los deseos carnales que batallan
> contra el alma [...]. Porque esta es la voluntad de Dios:
> que haciendo bien, hagáis callar la ignorancia de los hom-
> bres insensatos; como libres, pero no como los que tienen
> la libertad como pretexto para hacer lo malo, sino como
> siervos de Dios. Honrad a todos. Amad a los hermanos.
> Temed a Dios. Honrad al rey.

Este pasaje de la Escritura lo dice todo. Debemos desear la leche espiritual de la Palabra de Dios. Para los que deciden ser desobedientes a la Palabra de Dios, la verdad será una ofensa y una piedra de tropiezo. Pero los que creen en Dios no serán confundidos. Si recordamos que somos personas peculiares, extranjeros y peregrinos que estamos en este mundo, pero que no somos de él, no tendremos problemas para silenciar la ignorancia de hombres necios. Dios dice que incluso su pueblo fue destruido porque le faltó conocimiento (Oseas 4:6).

PERSONAS EN LUGARES ALTOS

Incluso los nombres de algunos artistas se pueden entender como teniendo implicaciones blasfemas. Yo estaba en Haití. No hablo creole, pero había una palabra que decían mucho y que se quedó en mi mente. Estaban diciendo algo que sonaba como «J. Z.». Le pregunté a mi anfitrión haitiano qué era lo que significaba «J. Z.», y me dijeron que era otro nombre para Jesús. Eso me hizo pensar.

Dios enviará nuestro nombre delante de nosotros y nos bendecirá con fama. Pero las personas no pueden llegar a ser tan famosas que sean espiritualizadas o deificadas. Solo un espíritu familiar puede hacer que las personas sean famosas en una manera blasfema. ¿El remedio para esto? ¡Tema a Dios, no al hombre! Solo hay un Jehová quien es el único y verdadero Dios viviente, ¡Jesús! Incluso hay espíritus que se llaman a sí mismos Jesús, pero cuando Dios dice que Él es Yo Soy, no hay otro que se atreva a imitarlo.

Yo realmente oro por los artistas que se visten con trajes con el símbolo de bafomet. No puedo decir que estén conscientes del significado de ese símbolo. Conozco personas en altos niveles que cuentan con la ignorancia de los inocentes.

¿QUÉ ES EL BAFOMET?

El bafomet es una estrella que tiene dentro la cabeza de un chivo, es un símbolo utilizado para la adoración del diablo y otras adoraciones ocultas. Es un ídolo pagano descrito primero durante los juicios de los templarios, una orden medieval de cruzados acusados de herejía, hechicería y otros crímenes.

La verdadera virtud se destaca en un mundo pervertido. La misma presencia de la virtud expone lo falso y lo avergüenza. Cuando una mujer virtuosa aparece en escena, las divas tienen que salir del escenario. El poder de una mujer virtuosa no está en su belleza o en su fama, que son temporales; está en su Dios, ¡quien es Señor de todo!

EL FEMINISMO ES UNA VIRTUD FALSA

Antes de cerrar este tema, debo hacer notar que una mujer de virtud falsa es una mujer que tiene que probarse a sí misma por medio de compararse con un hombre. Esta es la difícil situación del movimiento feminista. El profeta Isaías habla de una criatura mitológica llamada Lilith [la lechuza] en Isaías 34:14. La leyenda judía dice que Lilith era un demonio femenino y enemigo de Dios; un espíritu de la noche que perseguía a sus víctimas en su sueño. Algunos comentaristas la consideran la creación de la demonología babilónica que tomó forma femenina con el fin de engañar a Adán y unirse con él. Un demonio *lilim*, también conocido como súcubo, es la forma femenina de un demonio que les aparece a los hombres en sueños para seducirlos a través de actividad sexual. Génesis 6:1–4 habla de este tipo de actividad sexual demoniaca en la forma de íncubo, la forma masculina de este demonio.

Lilith tiene una virtud falsificada y es un espíritu que odia al hombre y que cree en los derechos más que iguales para las mujeres. Las feministas creen que son superiores a los hombres. El feminismo tiene su raíz en el hecho de que una mujer no necesita a un hombre. Creo que las feministas deberían ser llamadas «masculinistas» porque no están tratando de ser femeninas como las mujeres; sino que quieren ser masculinas como los hombres.

Vivimos en Estados Unidos, donde todos tienen derecho a su opinión. Esta es la mía: creo que Dios hizo a los hombres en una manera y a las mujeres en otra.

La opresión de las mujeres en el ministerio, el centro de trabajo y a lo largo del mundo es bastante real. Como profesional y ministra, no hay nada que un hombre pueda hacer que yo no pueda. Lo único que no puedo hacer, en comparación con un hombre, es ser hombre. En el Antiguo Testamento la Biblia se refiere a la simiente masculina como los «meante[s] a la pared» (1 Samuel 25:22, jbs). Dios creó a la humanidad. Hizo la raza humana. La simiente femenina es un hombre con útero. Las mujeres son hombres con úteros. Las mujeres no pueden orinar contra la pared, y los hombres no pueden tener bebés. Eso es todo, señoría.

Dios creó a los hombres y a las mujeres para que se necesitaran mutuamente, y generamos problemas cuando uno de los dos géneros se siente superior. Mencioné previamente que Dios puso algo en el interior de una mujer que la hace guerrear. Es llamado enemistad. Dios puso enemistad dentro de la mujer (Génesis 3:15) y la llama para que sea una pesadilla para el diablo. ¡Mujer de Dios, usted es la peor pesadilla del diablo!

Lo importante a recordar es que Dios planeó a propósito que la relación entre la mujer y el diablo sea como es, y esta enemistad es un radar dentro de la mujer que es sensible a la guerra. Como mujer virtuosa, decido responder al llamado de Dios sobre mi vida y ser el radar que estoy llamada a ser.

EL ASUNTO CENTRAL

Comencé este capítulo diciendo que hay muchas virtudes falsificadas que están siendo defendidas en nuestra cultura que oscurecen la imagen bíblica real de la femineidad. Antes de que cerremos este capítulo, hablemos de las virtudes reales de las mujeres que la Biblia describe. Proverbios 31 nos da la definición de Dios de una mujer virtuosa:

> Mujer virtuosa, ¿quién la hallará? Porque su estima sobrepasa largamente a la de las piedras preciosas. El corazón de su marido está en ella confiado, y no carecerá de ganancias. Le da ella bien y no mal todos los días de su vida.
>
> Busca lana y lino, y con voluntad trabaja con sus manos. Es como nave de mercader; trae su pan de lejos. Se levanta aun de noche y da comida a su familia y ración a sus criadas. Considera la heredad, y la compra, y planta viña del fruto de sus manos. Ciñe de fuerza sus lomos, y esfuerza sus brazos.
>
> Ve que van bien sus negocios; su lámpara no se apaga de noche. Aplica su mano al huso, y sus manos a la rueca. Alarga su mano al pobre, y extiende sus manos al menesteroso. No tiene temor de la nieve por su familia, porque

toda su familia está vestida de ropas dobles. Ella se hace tapices; de lino fino y púrpura es su vestido.

Su marido es conocido en las puertas, cuando se sienta con los ancianos de la tierra. Hace telas, y vende, y da cintas al mercader. Fuerza y honor son su vestidura; y se ríe de lo por venir. Abre su boca con sabiduría, y la ley de clemencia está en su lengua. Considera los caminos de su casa, y no come el pan de balde. Se levantan sus hijos y la llaman bienaventurada; y su marido también la alaba: Muchas mujeres hicieron el bien; mas tú sobrepasas a todas.

Engañosa es la gracia, y vana la hermosura; la mujer que teme a Jehová, ésa será alabada. Dadle del fruto de sus manos, y alábenla en las puertas sus hechos.

> **Aviso de revelación:** Una mujer virtuosa es una amenaza al enemigo, una aterrorizadora de demonios. Ella no solo lleva armas; ¡es un arma en contra del enemigo y es la mayor arma que Dios haya creado en contra de las tinieblas!

Hablemos acerca de lo que significa *virtuoso* desde una perspectiva bíblica. Dios define a la *mujer virtuosa* en la misma manera en que define a un *hombre virtuoso*: una persona que teme a Dios ama la verdad y odia el pecado. La palabra hebrea para *virtuosa* en Proverbios 31 es traducida en varias maneras diferentes. Las traducciones de Éxodo 18:21 y 1 Reyes 1:42, 52 utilizan palabras como *capaces, buenos, capacitados, respetables, de honor, dignos, leales, de esfuerzo, importantes, influyentes* y *valientes.* La palabra *virtuosa* usada en Proverbios 31 es usada para describir a Rut (Rut 3:11) y también es usada para describir a Booz en Rut 2:1: *de buena posición* (rico, de esfuerzo, poderoso).

Rut 3:11 dice que toda la gente de la ciudad sabía que Rut era virtuosa. Eso es porque la verdadera virtud es algo que se nota a pesar de que el mundo se esfuerza por no abrazarla. Rut era auténtica, y todos lo sabían

Dios es bastante intencional en la manera en que nos hizo como hombres y mujeres. Como mencioné anteriormente, la Escritura dice que Dios hizo que la mujer fuera la corona de su marido (Proverbios 12:4). La palabra hebrea para «corona» se deriva de 'atar, que significa: circular (para ataque o protección).[1] Si la mujer virtuosa es la corona de su marido, entonces ella está ungida para asegurar su dominio, rodearlo como un radar espiritual, protegiendo su territorio de infiltraciones.

El hombre que lleva su corona en una manera segura sobre su cabeza —el que entiende quién es su esposa virtuosa y valora su papel— no es intimidado por ella. Al contrario, él sabe que es una fuerza espiritual en contra del enemigo, diseñada para obrar en conjunto con su marido, ofreciendo no solo protección en lo espiritual, sino éxito y prosperidad en lo natural (Proverbios 31:22), manifestando sus habilidades dadas por Dios por medio de su labor (v. 24).

La palabra hebrea para «virtuosa» es *chayil*, que define con precisión el papel de la mujer virtuosa. *Chayil*, del hebreo *chuwl*, significa: una fuerza [de considerable magnitud], ya sea de los hombres, medios u otros recursos; ejército; pujanza, poder, riquezas; demostrar fuerza, habilidad y valía moral. Una mujer virtuosa es una fuerza de considerable magnitud porque es digna de guerrear, capaz y activa. Las batallas que enfrenta abren puertas para sus despojos, transfiriendo la riqueza del malvado a su posesión.

Dios es la porción final de la mujer virtuosa. Aunque el profesionalismo va delante de ella, su fuerza y poder están arraigados en su espiritualidad. Ella habla con sabiduría, y hay enseñanza de bondad en su lengua (v. 26). Una mujer virtuosa es una amenaza al enemigo, una aterrorizadora de demonios. Ella no solo lleva armas; ¡es un arma en contra del enemigo y es la mayor arma que Dios haya creado en contra de las tinieblas!

Confesión para la mujer virtuosa[2]

Utilice esta confesión en su tiempo de oración para decretar y declarar las virtudes de la mujer de Proverbios 31 sobre su vida. Lea los puntos en voz alta, y luego órelos proféticamente según el Espíritu Santo le dé que lo haga.

+ Abriré mi boca para hablar a favor de los que son dejados desolados y desvalidos. Seré una voz por los bebés inocentes no nacidos que son asesinados continuamente en mi ciudad.

+ Abriré mi boca para juzgar con justicia y defenderé la causa del pobre y del menesteroso. Abriré mi mano al pobre y llenaré las manos del menesteroso, lo sea en mente, cuerpo o espíritu.

+ La virtud que Dios me ha dado me hace capaz y me equipa intelectualmente para hacer lo que Dios me ha llamado a hacer.

+ Una falta de discernimiento provocará que sea pasada por alto. ¿Quién me hallará? Los que me miren descubrirán que mi estima es preciosa y sobrepasa largamente la de la plata y el oro.

+ Mi marido (o futuro marido) confía en mí sin dudar en su corazón y depende de mí con fuerte seguridad. A causa de esto no carecerá de ganancias honestas y no necesita botines deshonestos.

+ Estoy ungida para consolar, alentar y darle bien a mi marido mientras haya vida en mí.

- Busco lana y lino (habilidades que uso en mi casa que le traen un gran ingreso a mi familia), y con voluntad trabajo con mis manos para desarrollarlas.

- Soy como una nave de mercader que traigo alimento a mi casa de lejos.

- Me levanto aún de noche para obtener el alimento espiritual para mi familia. Doy una ración de esto a mis criadas, y están dotadas de espiritualidad para lograr las tareas que suplen las necesidades de mi hogar. Cualquiera que me ayude, sirva o asista en mi casa será bendecido. Gracias a su servicio fiel recibirán gran recompensa.

- Tengo un gran sentido de los negocios. Considero las heredades y las compro. Aunque soy una mujer de la casa, la unción del mercado está sobre mi vida. La unción para ocupar y comercializar me hará plantar viñas fructíferas en mi viñedo. Mi fruto permanecerá y no caerá a tierra. ¡Mis negocios irán bien! Trabajarán para mí, y yo no seré abrumada por trabajar para ellos.

- Estoy ceñida de fuerza espiritual, mental y física. Estoy saludable, mi mente es clara y caminaré con Dios al fresco del día. Mis brazos se esfuerzan para cargar las cargas de mis días. Puedo hacer muchas cosas al mismo tiempo y destacarme en todas ellas.

- Tengo la habilidad de probar y ver que el fruto de mis manos es bueno. Tengo buena perseverancia, y mi lámpara no se apaga de noche. No seré abrumada ni me agotaré.

+ No temeré de la nieve por mi familia. He trabajado duro durante los meses con buen clima. Mi familia tiene sustento guardado para tiempos difíciles, están vestidos de ropas dobles con púrpura.

+ Me hago cobertores, tapetes, tapices y cojines. La creatividad está en mis lomos. Tengo vestidos del sacerdocio en mi guardarropa. La ropa que llevo es del mejor material. Dios me ha enseñado calidad sobre cantidad. Hago prendas de lino fino y guío a otros para que las compren. Establezco las tendencias y los estilos en mi ciudad. Incluso la mujer pagana quiere verse como yo.

+ Mi marido es conocido en la puerta de mi ciudad. Se sienta con los ancianos de la tierra, y su consejo es solicitado alrededor del mundo. No anda en consejo de malos, ni está en camino de pecadores, ni en silla de escarnecedores se ha sentado. Otros hombres buscan su consejo porque desean lo que él tiene en su matrimonio. Mi esposo es pleno espiritual, emocional y físicamente a través de mi relación con él. No hay puertas abiertas en su vida que lo lleven a dar un consejo que no sea santo.

+ Estoy vestida de fuerza y honor, y mi posición es fuerte y segura. Estoy segura y confiada en quién soy, y mi marido no tiene problemas con ello.

+ Me río de lo por venir. Hay grandes cosas en el futuro para mis empresas personales, mi matrimonio, mis hijos e incluso mis parientes. Cada vaticinio o pronóstico demoniaco en contra de mi futuro es anulado por regocijarme en las grandes cosas que Dios está por hacer.

+ Mi boca se abre con sabiduría diestra y santa. La ley de clemencia está en mi lengua para dar consejo e instrucción santos.

+ Considero los caminos de mi casa. No comeré el pan de balde de la ociosidad, el descontento y la autocompasión.

+ ¡Mis hijos se levantarán y me llamarán bienaventurada! Mi marido se gloría y me alaba diciendo: «Muchas mujeres hicieron el bien, cosas virtuosas y nobles; mas mi esposa sobrepasas a todas. ¡Ella es una mujer de virtud y excelencia!».

+ Engañosa es la gracia y el encanto, y vana la hermosura porque son temporales. Por eso, seré una mujer que tema al Señor reverentemente y en adoración. A causa de esto seré alabada.

+ Me será dado del fruto de mis manos. Soy una mujer trabajadora, pero mi labor no será en vano. Mi reposo está en el Señor, y mis propias obras me alabarán en las puertas de mi ciudad. Amén.

¡Aunque haya cosas en esta confesión de las que esté lejos en su vida o matrimonio, confiéselas con denuedo de todos modos! Hable con confianza como una mujer virtuosa de Dios las «cosas que no son, como si fuesen» (Romanos 4:17), ¡y pronto se volverán una realidad!

CAPÍTULO 8

EL LADO OSCURO

V OY A COMENZAR este capítulo con uno de los pasajes de la Escritura más espeluznantes que conozco. Cuenta la historia de Saúl buscando una palabra del Señor en su estado caído.

Ya Samuel había muerto, y todo Israel lo había lamentado, y le habían sepultado en Ramá, su ciudad. Y Saúl había arrojado de la tierra a los encantadores y adivinos.

Se juntaron, pues, los filisteos, y vinieron y acamparon en Sunem; y Saúl juntó a todo Israel, y acamparon en Gilboa. Y cuando vio Saúl el campamento de los filisteos, tuvo miedo, y se turbó su corazón en gran manera. Y consultó Saúl a Jehová; pero Jehová no le respondió ni por sueños, ni por Urim, ni por profetas. Entonces Saúl dijo a sus criados: Buscadme una mujer que tenga espíritu de adivinación, para que yo vaya a ella y por medio de ella pregunte.

Y sus criados le respondieron: He aquí hay una mujer en Endor que tiene espíritu de adivinación.

Y se disfrazó Saúl, y se puso otros vestidos, y se fue con dos hombres, y vinieron a aquella mujer de noche; y él dijo: Yo te ruego que me adivines por el espíritu de adivinación, y me hagas subir a quien yo te dijere.

Y la mujer le dijo: He aquí tú sabes lo que Saúl ha hecho, cómo ha cortado de la tierra a los evocadores y a los adivinos. ¿Por qué, pues, pones tropiezo a mi vida, para hacerme morir?

Entonces Saúl le juró por Jehová, diciendo: Vive Jehová, que ningún mal te vendrá por esto.

La mujer entonces dijo: ¿A quién te haré venir?

Y él respondió: Hazme venir a Samuel.

Y viendo la mujer a Samuel, clamó en alta voz, y habló aquella mujer a Saúl, diciendo: ¿Por qué me has engañado? pues tú eres Saúl.

Y el rey le dijo: No temas. ¿Qué has visto?

Y la mujer respondió a Saúl: He visto dioses que suben de la tierra.

El le dijo: ¿Cuál es su forma?

Y ella respondió: Un hombre anciano viene, cubierto de un manto.

Saúl entonces entendió que era Samuel, y humillando el rostro a tierra, hizo gran reverencia.

Y Samuel dijo a Saúl: ¿Por qué me has inquietado haciéndome venir?

Y Saúl respondió: Estoy muy angustiado, pues los filisteos pelean contra mí, y Dios se ha apartado de mí, y no me responde más, ni por medio de profetas ni por sueños; por esto te he llamado, para que me declares lo que tengo que hacer.

—1 SAMUEL 28:3–15

Hay muchos puntos que destacar que le darán revelación sobre cómo operan los espíritus familiares desde la perspectiva más oscura.

+ Este tipo particular de espíritu familiar operaba a través de un tipo de adivinación llamado nigromancia que es comunicación con los muertos.

+ Saúl conjuró espíritus familiares y rompió su propio edicto: que hacer esto era ilegal.

+ Saúl específicamente pidió una mujer con un espíritu familiar porque las mujeres operan con fluidez en los más altos niveles de lo oculto.

+ La mujer (a quien llamaré la «adivina de Endor») estaba operando en la capacidad de un espíritu territorial desplazado de Israel.

+ El Espíritu de Dios dejó a Saúl (para siempre), y Saúl tenía miedo de ir a la batalla sin una palabra de Dios.

+ Saúl no podía llevar sus vestiduras reales a Endor y tuvo que disfrazarse con una cobertura falsa.

+ Saúl acudió a la adivina de Endor por la noche.

+ El espíritu que habló con Saúl no era Samuel, sino un demonio familiar que vino en nombre de Samuel. Se cubrió con un manto, y Saúl percibió que era Samuel.

+ El espíritu familiar pudo darle a Saúl información correcta de lo que estaba a punto de ocurrir al día siguiente en la batalla.

+ Saúl sabía que estaba consultando un espíritu para adivinar o que estaba usando adivinación.

+ Saúl turbó al espíritu familiar (inquietó las cosas en el plano espiritual) y lo provocó a enojo y a ira.

¿Puedo dibujarle una imagen moderna de cómo sería esto? Imaginemos que Saúl es uno de los pastores más reconocidos del mundo. Su ministerio es conocido por echar fuera demonios, caminar en los dones proféticos y tener cero tolerancia para las obras de las brujas y brujos de su ciudad. Podemos ir todavía más lejos y decir que ha dirigido muchos movimientos de oración para cerrar aquelarres satánicos de satanistas y otras sectas en la misma ciudad.

Después de muchos años de ministerio de guerra espiritual, este pastor se vuelve secretamente adicto a las drogas, se roba todo el dinero de la iglesia y se divorcia de su esposa para casarse con una exnovia. Con todo esto sucediendo en su vida, sigue buscando que Dios dirija sus asuntos; sin obtener resultados. Finalmente, se deprime y tiene pensamientos suicidas.

En un intento desesperado de alivio, este pastor de un megaministerio de guerra espiritual se encuentra levantando el teléfono para consultar a una psíquica para que le dé dirección para su vida. Aunque cambia la voz, la psíquica reconoce quién es y habla a su vida. A causa de la precisión de la información que le da la psíquica, el pastor se vuelve adicto a llamar a las líneas directas de los psíquicos y nunca puede volver a entrar en contacto con Dios.

En este escenario ficticio, el pastor es atrapado por espíritus familiares. Es seducido para intercambiar la presencia y poder de Dios por lo que es impío y maligno. Al igual que Saúl, este pastor permitió que espíritus familiares llenaran el vacío en su vida provocado por su pecado. Se volvió a la *pharmakia* (traducido del griego como «hechicería» o «brujería»), que es el abuso de sustancias, al igual que Saúl. Y, como Saúl, rompió su edicto de que los espíritus familiares son ilegales y recurrió a una psíquica, incluso yendo tan lejos como tratar de esconder su identidad como Saúl.

Al igual que Saúl, el pastor estaba acostumbrado a recibir palabras proféticas de un profeta y fue seducido a recibir una palabra de una psíquica como reemplazo. Es importante saber que ninguna palabra profética, ni siquiera de una persona santa, puede llenar sus espacios vacíos. Solo Dios los puede llenar.

El espíritu familiar de 1 Samuel 28 le dijo a Saúl que él y sus hijos se unirían a Samuel en la muerte (v. 19). En 1 Samuel

31:6 dice que Saúl, sus tres hijos, su paje de armas, y todos sus hombres murieron juntos. El meollo del asunto es que los espíritus familiares pueden dar información correcta. A causa de esto, la gente piensa que está dando o recibiendo palabras de Dios.

Esta es mi advertencia a los cristianos que piensan que no hay daño en contactar psíquicos, quirománticos, médiums o espiritualistas: cuando usted espera en Jesús, recibe la bendición sin repercusiones. Hay repercusiones por entretener espíritus familiares. Cada vez que dependemos de cualquier cosa fuera de Dios, el fin es la muerte.

Saúl estaba en lo que yo llamo un «predicamento familiar» porque no obedeció la voz de Dios. Perdió su ministerio. El Espíritu de Dios se fue totalmente de él.

Dios nunca hubiera dejado a Saúl sin darle la oportunidad de arrepentirse. Cuando Saúl fue atormentado por espíritus malignos, Dios le permitió a David que tocara el arpa para aliviar el alma de Saúl. Cuando la música se detenía, los demonios regresaban.

David pensaba que estaba ministrando al rey para darle alivio. No se imaginó que su ministerio lo llevaría a relevar al rey del trono. A causa del orgullo y obstinación de Saúl, lo que Dios envió para su *alivio* lo llevó a ser *relevado*.

Saúl buscó una falsificación del poder de Dios. Aunque recibió información correcta, no contenía verdad. La verdad que viene de Dios no solo lo informa; ¡lo hace libre! Hay una gran diferencia entre verdad e información. La verdad proviene de Dios, pero la información espiritual puede provenir de muchos tipos de espíritus familiares.

La Escritura dice que la verdad de Dios nos hará libres: «Si vosotros permaneciereis en mi palabra, seréis verdaderamente mis discípulos; y conoceréis la verdad, y la verdad os hará libres» (Juan 8:31–32). Es el Espíritu de Dios el que nos da la sabiduría y el discernimiento para conocer sus verdades. Las cosas verdaderas de Dios vienen del corazón de Dios al corazón del hombre. No se pueden discernir carnalmente. La Escritura habla acerca de la intimidad de conocer a Dios en lo profundo de nuestro corazón. Es un tipo de conocer que es inadvertido.

Una de las palabras hebreas para «inadvertido» es *lebab*, y se relaciona con la parte más interior de un hombre. Es contrastado con el hombre externo. Significa: el corazón o asiento de las emociones más internas de un hombre. *Lebab* con frecuencia se compone de corazón y alma (p. ej.: 2 Crónicas 15:12). Estos son algunos versículos que traducen la palabra *lebab* o una de sus formas:

+ Eclesiastés 1:16: «Hablé yo en mi corazón, diciendo: He aquí yo me he engrandecido, y he crecido en sabiduría sobre todos los que fueron antes de mí en Jerusalén; y mi corazón ha percibido mucha sabiduría y ciencia». Este versículo habla acerca de la intimidad de conocer y discernir en lo profundo del corazón (es el discernimiento de saber en lo profundo de su ser cuando no hay Biblia o libro o sermón disponible a su alrededor para ayudarlo a saber).

+ Jeremías 3:15: «Y os daré pastores según mi corazón, que os apacienten con ciencia y con inteligencia». Dios dice que nos dará pastores según su corazón, que a pesar de que no cuenten con información, irán en la dirección correcta.

+ Deuteronomio 30:14: «Porque muy cerca de ti está la palabra, en tu boca y en tu corazón, para que la cumplas».

+ 1 Samuel 16:7: «Pues el hombre mira lo que está delante de sus ojos, pero Jehová mira el corazón».

+ Génesis 6:5: «Y vio Jehová que la maldad de los hombres era mucha en la tierra, y que todo designio de los pensamientos del corazón de ellos era de continuo solamente el mal».

CAPÍTULO 9

ESPÍRITUS FAMILIARES BÍBLICOS

E N APOCALIPSIS 2:6 Jesús hace algunas declaraciones significativamente duras con respecto a los nicolaítas: «Pero tienes esto, que aborreces las obras de los nicolaítas, las cuales yo también aborrezco». Los nicolaítas eran una secta hereje que seguía a un hombre llamado Nicolás. Algunos historiadores de la iglesia primitiva dicen que fue uno de los primeros diáconos escogidos para servir a los pobres en Hechos 6: «Nicolás, prosélito de Antioquía» (v. 5).

Los nicolaítas practicaban un tipo de antinomismo que significa: anarquía. La doctrina de los nicolaítas sostenía la creencia de que los pecados de la carne no tenían efecto en la salud del alma o la salvación. Esta perversión del evangelio trajo una condena severa de Jesús porque corrompía la verdad de Dios con las doctrinas pecaminosas de los hombres. ¡La Iglesia es llamada a aborrecer lo que Dios aborrece! Este aborrecimiento no es contra las personas, sino contra las cosas que no agradan a Dios.

La Escritura indica que Nicolás de Antioquía tuvo varias conversiones. Se convirtió al judaísmo, probablemente del paganismo, y luego al cristianismo. ¿Por qué los seguidores de Nicolás se enredaron con una secta herética como los nicolaítas? Aunque era cristiano, Nicolás nunca renunció totalmente a las actividades del paganismo que eran anticristianas. Simplemente las trajo con él, y estas creencias y prácticas heréticas se volvieron sincréticas (entretejidas) con sus creencias cristianas, siendo pasadas a otras generaciones y dando a luz a los nicolaítas.

Nicolás tuvo una conversión falsa. Una conversión falsa a lo más llevará a un creyente tibio: uno que vive con un pie en el mundo y un pie en la iglesia, tolerando prácticas y creencias que no son de Dios. Escuche cómo Jesús aborda esto en Apocalipsis 2:13–16:

> Yo conozco tus obras, y dónde moras, donde está el trono de Satanás; pero retienes mi nombre, y no has negado mi fe, ni aun en los días en que Antipas mi testigo fiel fue muerto entre vosotros, donde mora Satanás. Pero tengo unas pocas cosas contra ti: que tienes ahí a los que retienen la doctrina de Balaam, que enseñaba a Balac a poner tropiezo ante los hijos de Israel, a comer de cosas sacrificadas a los ídolos, y a cometer fornicación. Y también tienes a los que retienen la doctrina de los nicolaítas, la que yo aborrezco. Por tanto, arrepiéntete; pues si no, vendré a ti pronto, y pelearé contra ellos con la espada de mi boca.

Justo al inicio, en el versículo 13, Jesús nos da una imagen de lo que sabe que es cierto: que Satanás ocupa el trono [el lugar] de mayor actividad satánica, el lugar de dónde fluye toda la actividad satánica. La palabra griega para «trono» es *thronos*, lo cual significa: el asiento del estado e implica poder.[1] En contraste directo con esta imagen, el profeta Isaías nos da una descripción del trono del Señor. «En el año que murió el rey Uzías vi yo al Señor sentado sobre un trono alto y sublime, y sus faldas llenaban el templo» (Isaías 6:1).

¿Ve el contraste aquí? El trono falso de Satanás trata de imitar el trono glorioso de Jesús. Sabemos por la Escritura que no hay contienda aquí, no hay competencia. «Y cuál la supereminente grandeza de su poder para con nosotros los que creemos, según la operación del poder de su fuerza, la cual operó en Cristo, resucitándole de los muertos y sentándole a su diestra en los lugares celestiales, sobre todo principado y autoridad y poder y señorío, y sobre todo nombre que se nombra, no sólo en este siglo, sino también en el venidero» (Efesios 1:19–21). Efesios 2:6 dice que estamos sentados en lugares celestiales con Jesús. Esas son buenas noticias porque la misma actividad demoniaca que está bajo sus pies está bajo los nuestros también. Los que están atrapados en la trampa de Satanás siguen levantándolo, pero la verdad de Dios es que ¡Satanás ya ha sido derribado!

QUÉ TAN REAL HA SIDO LA OSCURIDAD DE ESTA TEMPORADA PARA MÍ

El diablo siempre está buscando maneras de robar, matar y destruir. Por eso, con frecuencia comparto esta historia del nacimiento de mis hijos gemelos. ¡Los padres de recién nacidos, tomen nota!

Mis gemelos nacieron el 30 de octubre, un día antes de Halloween. No prefiero esa fecha sobre ninguna otra, pero esa fue la fecha en la que nacieron mis muchachos. El nacimiento de gemelos en Halloween es la gran cosa en el mundo de lo oculto. Mis muchachos llegaron al mundo alrededor de las 9:00 p.m. La guerra era intensa en el hospital esa noche, y una buena cantidad se estaba librando en mi habitación. Para empezar, mientras estaba dando a luz, una mujer del personal médico se me acercó, se inclinó sobre la cabecera de la cama con la cabeza abrazada por sus brazos y comenzó a cantar (salmodiar). Al parecer nadie más pensó que esto era anormal excepto yo.

El Espíritu se levantó dentro de mí, y me rehusé a permitir que los adoradores del diablo le dedicaran mis gemelos a Satanás. La mayoría de las personas no saben que muchos bebés son dedicados en secreto a Satanás después de que nacen. Padres, tomen nota: los ministros y los intercesores no son los únicos que oran por los bebés recién nacidos en el hospital. Mi consejo es que nunca deje a su recién nacido con nadie en el hospital, sin importar lo que recomiende el médico. No lo pierda de vista sin importar que eso signifique darle de cabezazos a los médicos y al personal del hospital. Tuve que pelear con mi médico para mantener a los dos chicos en mi habitación.

Por si eso no fuera poco, a media noche, una mujer vestida como payaso —quien había venido antes a mi habitación agitando los brazos y quien trató de darme dulces— vino de puntillas a mi habitación nuevamente en la oscuridad tratando de ver si yo estaba dormida. No venía a entregar nada. Cuando la vi, me senté de un salto en la cama y le grité: «En el nombre de Jesús, ¡salte de mi habitación!». Salió corriendo por la puerta. Padres, mi oración es que ustedes no experimenten algo semejante alrededor del nacimiento de sus hijos. Pero si algo inusual comienza a suceder, no tengan miedo de actuar. Hay ángeles de luz en todos lados.

Hace quince años una bruja de un aquelarre local se unió a mi iglesia. Descubrí quien era, pero todavía no le había dicho que yo sabía que ella era una bruja. Un día, por error, me envió una carta por fax. Ella había programado mi número en su máquina de fax. Le estaba tratando de enviar una carta de amor a su novia lesbiana, quien se encontraba en una alta posición política. La carta llegó a mi casa unos días antes de Halloween. En la carta le decía a su novia: «¡Estoy tan contenta de que las dos tengamos nuestros ciclos menstruales durante Halloween, ahora vamos a poder tener un desastre sangriento!». Sé que esto quizá le provoque asco, pero ¡estas cosas existen! La iglesia necesita asquearse. La atroz oscuridad que sucede mientras nosotros estamos celebrando festivales otoñales de la cosecha, kermeses y «noches de alabanza» debe ser revelada. Creo en el evangelismo y en alcanzar a otros durante estos tiempos, pero lo que debemos hacer es interceder por lo que está sucediendo realmente.

> **Aviso de revelación:** Los que están atrapados en la trampa de Satanás siguen levantándolo, pero la verdad de Dios es que ¡Satanás ya ha sido derribado!

Bájese de la barda

Un creyente que tenga algo que ver con la temporada de Halloween es tibio. ¡Dios vomitará a esa persona de su boca! Si se trata de usted, es tiempo de renunciar a las acciones de los nicolaítas. ¡No dude; hágalo ahora!

Hablemos más acerca de los peligros de ser tibio. Jesús no se anda con rodeos al dirigirse a los creyentes tibios. «Yo conozco tus obras, que ni eres frío ni caliente. ¡Ojalá fueses frío o caliente! Pero por cuanto eres tibio, y no frío ni caliente, te vomitaré de mi boca» (Apocalipsis 3:15–16). ¿Por qué es tan firme?

La palabra «nicolaítas» se deriva de dos palabras griegas: *nikos* y *laos*. *Nikos* significa: conquistar. *Laos* significa: personas, como los laicos de la iglesia, los que no están ordenados para el liderazgo. El espíritu satánico detrás de las enseñanzas de los nicolaítas estaba en misión de conquistar a los laicos de la iglesia, tanto a los inocentes como a los ignorantes. La Escritura dice: «Mi pueblo fue destruido, porque le faltó conocimiento» (Oseas 4:6). Cuando no estamos bien informados o somos ignorantes de los caminos de Satanás, podemos ser tomados cautivos con mayor facilidad por doctrina falsa y tibia. Al diablo le encanta cuando doblamos la rodilla para entrar en componendas.

¿Qué aspecto tiene este tipo de componenda? Es cuando no somos calientes ni fríos, cuando intentamos mezclar las cosas de Dios con las cosas del diablo. Por eso, Jesús dice en Apocalipsis 3:16 que nos vomitará de su boca si somos tibios. ¿Cómo es que nosotros, como creyentes, tratamos con cualquier espíritu tibio en nuestra vida? Podemos comenzar con 2 Corintios 6:15: «¿Y qué concordia Cristo con Belial?». Belial en hebreo significa: lo que no tiene ganancia, sin valor y malo. En este versículo está siendo aplicado a Satanás. Pablo les está diciendo a los creyentes que necesitamos separarnos de los no creyentes, así como Cristo está separado de cualquier participación con las cosas de Satanás.

Estamos *en* el mundo, pero no somos *del* mundo, llamados constantemente a hacer brillar la luz de la verdad de Dios en las tinieblas, las cuales son la actividad secreta de todo el que está en oposición a Cristo: lo oculto. En el Antiguo Testamento, Dios le dice a Josué que posea la tierra (Josué 1:11). En hebreo la palabra «poseer» es *yarash*, y significa: entrar y remover a los que están ocupando un lugar y tomarlo. Debemos desplazar las tinieblas del diablo con la luz de Dios. No obstante, necesitamos entrar y poseer con sabiduría. No sea como el rey Saúl y pierda la tierra por disfrutar del botín que Dios le ha dicho que destruya. Si Dios dice destruye, ¡entonces destruya!

En Josué 7 los israelitas no pudieron hacer frente a sus enemigos porque Acán había violado el pacto de Dios al tomar un poco del botín del enemigo: «Por esto los hijos de Israel no podrán hacer frente a sus enemigos, sino que delante de sus enemigos volverán la espalda, por cuanto han venido a ser anatema; ni estaré más con vosotros, si no destruyereis el anatema de en medio de vosotros» (Josué 7:12). Dios no quiere que desplacemos la temporada de Halloween y los festivales de otoño y las actividades que van junto con ellas. Quiere que las destruyamos por completo. Si usted o alguien de su familia ha abierto puertas a maldiciones que son soltadas durante los festivales demoniacos de otoño, no se tarde; renuncie a ellos y arrepiéntase. Yo lo he hecho. Sea de los que su casa y todo lo que esté en ella sirvan al Señor (Josué 24:15).

CAPÍTULO 10

LA DOBLE PORCIÓN DEMONIACA

LOS ESPÍRITUS TERRITORIALES son potestades de las tinieblas que gobiernan sobre ciertas áreas geográficas. Para entender el nivel más alto de batallas territoriales, es importante obtener un entendimiento de la manera en que los espíritus territoriales operan y su relación con los espíritus familiares. Los espíritus territoriales caminan de la mano con los espíritus familiares. Por eso, les llamo la doble porción demoniaca.

Las batallas territoriales son distintas de los espíritus territoriales. Una batalla territorial es cuando usted está operando fuera de lugar. Un espíritu territorial está conectado con el territorio y tiene que tener un anfitrión. Como he explicado a lo largo de este libro, los espíritus familiares se adhieren a las personas, los lugares y las cosas. En otras palabras, pueden operar a través de relaciones, personalidades o ubicaciones geográficas. La mayoría de las personas entretienen a estos espíritus familiares sin saberlo, pero hay algunos que a propósito deciden trabajar con ellos a través de las prácticas de espiritismo y brujería, lo cual creo que son las formas máximas de entretener espíritus familiares.

Las personas que participan en tales prácticas se comunican con los demonios y les enseñan a otros a usar la información que les han dado; que es transmitir mensajes de demonios, una forma de canalización. Una persona con un espíritu familiar sirve como el vaso que contiene el espíritu. El espíritu mora en la persona por medio de demonización y esa persona entonces se convierte en un vaso a través del que el espíritu se expresa. Algunas personas con espíritus familiares creen que su «compañero espiritual» es más bien bueno que malo o piensan o esperan que algo beneficioso saldrá de la relación. Los espíritus familiares también pueden ser llamados espíritus guía. A los espíritus guía con frecuencia se les da reconocimiento abiertamente en la industria del entretenimiento. Los artistas con frecuencia les dan reconocimiento a sus espíritus guías. Así como tenemos al Espíritu Santo para dirigirnos y guiarnos, hay personas que se rinden a espíritus guías para que los dirijan en los asuntos cotidianos.

Algunas personas incluso creen que un espíritu familiar es el Espíritu Santo. En 1 Juan 4:1 se nos dice que probemos los espíritus para ver si son de Dios. Para todo lo que Dios tiene, el diablo siempre tiene una falsificación. Este es un principio que siempre hay que recordar al tratar con espíritus familiares.

> Aviso de revelación: Una persona con un espíritu familiar sirve como el vaso que contiene el espíritu. El espíritu mora en la persona por medio de demonización y esa persona entonces se convierte en un vaso a través del que el espíritu se expresa.

Los huracanes pueden ser el resultado de espíritus familiares. Comenzando con la mitología griega, los pueblos antiguos creían que las tormentas violentas sucedían cuando Zeus convocaba a los centimanos para hacer batalla contra los titanes. Los centimanos eran criaturas feroces con muchas cabezas y manos que blandían tormentas destructivas. Los griegos adoraban a estos dioses de las tormentas, y los paganos han seguido adorando dioses de las tormentas durante siglos. Estos espíritus territoriales de las tormentas siguen activos. Por ejemplo, cuando tenemos huracanes que viajan de África a América por la misma ruta que los esclavos caribeños fueron traídos a los EE. UU., llevamos a cabo arrepentimiento de identificación: los negros se arrepienten de haberse entregado entre sí como esclavos y los blancos se arrepienten de poseer esclavos y de tratarlos terriblemente.

Otro tipo de espíritu territorial es un *poltergeist*. La mayoría estamos familiarizados con el término *poltergeist* por la película del mismo nombre. *Poltergeist* es definido como un fantasma ruidoso y frecuentemente travieso que hace ruidos inexplicables en edificios como llamar a puertas, tableteos, golpeteos y lanzar alrededor cosas como muebles. La palabra tiene su origen en el alemán *poltern* y *geist*, que juntos significan «fantasma ruidoso».

No es un secreto que las casas y edificios pueden ser afectados espiritualmente, con frecuencia provocando que sus habitantes participen en maltrato e incluso asesinato. El rey Saúl invocó un espíritu en casa de una adivina. La fascinación actual con las casas embrujadas, los fantasmas y las experiencias paranormales tienen su fundamento en la realidad. Muchas personas no caen en cuenta de que cuando se piensa que el fantasma de una persona muerta está rondando un lugar, en realidad es un espíritu maligno, un espíritu territorial que ha hecho allí su morada.

¿QUÉ ES UN HOMBRE FUERTE?

Un hombre fuerte es un espíritu maligno que tiene más autoridad que un espíritu maligno regular. Es el guarda de la puerta de una fortaleza espiritual; apuesta tropas a su alrededor para guardarla y asegurar su posición. Al tratar con el hombre fuerte, uno tiene que recordar que está guardando algo valioso. Satanás no asigna hombres fuertes a lugares que no son estratégicos. Si es estratégico para Satanás, probablemente es valioso para usted. El diablo estudia

lo que es valioso para usted, tratando de encerrarlo
a usted con eso para que no pueda salir o dejarlo a
usted fuera de manera que nunca lo pueda recibir o
lograr.

Íncubo, súcubo y Lilith son los nombres de los
hombres fuertes de los que hablo en este capítulo,
pero hay otros. Para un mayor entendimiento de los
hombres fuertes espirituales, le recomiendo mi libro
Casa limpia o casa sólida.[1]

También hay personas que operan con espíritus familiares sin
reconocer que están entreteniendo demonios y estableciendo relaciones con ellos. Un ejemplo perfecto se relaciona con el tema
de los espíritus maridos y los espíritus esposas. Para entender a
los espíritus maridos y a los espíritus esposas, primero debemos
hablar acerca de los hombres fuertes íncubos y súcubos.

+ Súcubo es un tipo de espíritu familiar que tiene
   relaciones sexuales con los hombres en la forma
   de una mujer. Súcubo es una leyenda medieval.
   Es una entidad sobrenatural que viene a los hombres en la forma de una pesadilla. El espíritu
   suele tener sexo con los hombres en su sueño con
   la forma de otras personas, suele ser una mujer.
   Pero como es un espíritu de perversión, se puede
   transformar en lo que sea. Este espíritu produce
   lo que la gente llama sueños húmedos, donde sus
   cuerpos responden físicamente como si hubieran
   estando teniendo relaciones sexuales.

   Lilith es un tipo de súcubo bien conocido. Lilith se manifiesta como un demonio que odia a
   los hombres. El símbolo de Lilith es utilizado en
   todo el mundo por los movimientos feministas.

En la Biblia, Lilith es conocido como un demonio del desierto señalado en Isaías 34:14, específicamente la lechuza. Este espíritu es conocido con la expresión «subirse el muerto» y es un demonio nocturno o un espíritu que ataca a los humanos durante su sueño. La tradición afirma que Lilith era un espíritu territorial asignado a Adán en el huerto de Edén y es enemigo de Dios en todos los sentidos. Este espíritu es asignado para matar a los bebés antes de que lleguen a la edad de un año. Muchas autoridades en guerra espiritual relacionan este espíritu con la muerte de cuna. Orar en contra de este espíritu y cubrir a los bebés recién nacidos con la sangre de Jesús desvía este plan diabólico del enemigo.

♦ Íncubo es un tipo de espíritu que tiene relaciones sexuales con las mujeres, principalmente con la forma de un hombre. Este tipo de espíritu familiar es conocido por recostarse sobre las personas mientras duermen, al igual que súcubo, especialmente para tener relaciones sexuales con las mujeres mientras duermen. La definición secular básica de este espíritu es: demonios del sexo o demonios nocturnos. Estos demonios son principalmente espíritus de perversión sexual que tienen su raíz en la lujuria.

Cualquier espíritu de pesadillas o demonio nocturno es un espíritu familiar de la noche. Es un espíritu que acosa durante la noche. Muchas personas han tenido experiencias con espíritus de la noche o con pesadillas que no son de naturaleza sexual. Algunas personas tienen experiencias en las que parece que alguien se sentó en su cama o que algo las apretó contra la cama hasta el punto de no poder respirar. He escuchado testimonios de personas que son paralizadas por estos espíritus y que no se pueden mover. Cuando el hombre espiritual clama a Jesús, son liberados.

A partir de ministrar a las personas que han pasado por estas experiencias, he entendido que es una experiencia muy atemorizante. La parte atemorizante de la experiencia es la manera tan real en la que el espíritu demoniaco se manifiesta a la persona y la realidad de que no era un sueño. Aunque la persona está dormida, una verdadera pesadilla no es un sueño, sino un ataque demoniaco sobre la vida de una persona mientras está acostada. Tradicionalmente en la comunidad negra he escuchado de los santos de más edad que a este espíritu le llaman «la bruja que monta la escoba» o un espíritu madeja.

Ahora estamos listos para hablar de los espíritus maridos (íncubo) y los espíritus esposas (súcubo). Uno de los niveles más pesados de atadura que he abordado en el ministerio de guerra espiritual es tratar con personas que estaban literalmente casadas con un espíritu marido o con un espíritu esposa. En los EE. UU., donde tendemos hacia los hombres naturales, esto puede sonar loco, pero en lugares como África es algo común. He orado por parejas en los EE. UU. donde uno de los cónyuges tenía un espíritu marido o un espíritu esposa.

Dicho en una manera sencilla, los espíritus dedicaban al esposo o a la mujer a ellos mismos en sus sueños, adhiriéndose ceremonialmente como un espíritu marido o un espíritu esposa. Al orar por personas he visto manifestaciones en las que una mujer se ha sentado en el centro del piso, tratando de quitarse un anillo imaginario del dedo. Los espíritus demoniacos también han hablado a través de personas y han confesado que la persona por la que estábamos orando estaba casada con ellos. Las dedicaciones en los sueños son bastante reales. Esta es una de las mayores perversiones espirituales que se pueden encontrar en la guerra espiritual.

Durante mis primeros años de ministerio viajaba por la Interestatal 95 a diferentes iglesias en la zona del Sur de Florida. Un grupo de intercesores me seguían en apoyo a mi ministerio, asistiendo a los diferentes eventos de las iglesias conmigo. Por alguna razón, entre ellos había una mujer que siempre me irritaba. Pedí que ella no se sentara en la primera fila cuando yo predicaba. La mujer parecía simpática, pero había algo en ella que simplemente irritaba mi espíritu. No había nada en lo natural que me diera testimonio de por qué me sentía así.

Una noche en un avivamiento en mi iglesia, su pastor estaba allí, y le ministré. Profeticé que alguien había maldecido su lecho conyugal. También le ministré a esta mujer, y después de eso, el pastor me pidió que la llevará al piso de abajo para que oráramos por ella. Al comenzar a orar por esta mujer, el Espíritu Santo me llevó a dirigirme a los espíritus dentro de ella. Le pregunté al espíritu que cuál era su nombre. Nunca había hecho esto antes. Cuando le pregunté: «¿Cuál es tu nombre?», el demonio dijo (a través de la mujer) con una voz gruesa: «¡Súcubo!». La mujer entonces volteó la cabeza hacia su pastor (casi como en la película de *El exorcista*) y le dijo: «¡Yo maldije tu lecho conyugal!». Yo acababa de profetizarle esto al pastor arriba. Hasta este momento yo nunca había escuchado a un demonio hablar a través de una persona. ¡Todo el episodio me dejó boquiabierta! Mi madrastra me había hablado de los espíritus íncubo y súcubo que tenían relaciones sexuales con las personas, pero me reí e hice una broma porque no creí que existieran.

Oramos por la mujer, y fue liberada totalmente. Más tarde nos dijo que se había estado «guardando» como soltera por medio de la masturbación y teniendo relaciones sexuales en sus sueños. Al principio, los demonios venían a ella como hombres hermosos, pero después de entretener a estos espíritus familiares durante años, se revelaron como los monstruos que eran realmente. La mujer tenía vergüenza de testificar sobre las historias de terror y las experiencias que tenía a causa de haber abierto un plano en el espíritu para tener relaciones sexuales con demonios para «guardarse» y no fornicar.

Un creyente nacido de nuevo no tolera este tipo de actividad oscura. Si usted está teniendo experiencias con espíritus demoniacos de la noche o pesadillas, trate con ellos desde el origen y desde la raíz. Declare la sangre de Jesús sobre el área donde usted duerme y en la habitación. Asegúrese de que nadie en su casa esté operando en un plano para entretener este tipo de perversión espiritual.

Finalmente, lea esta oración:

> *Padre Dios, en el nombre de Jesús declaro la sangre de Jesús sobre mi propiedad, mi habitación y cada lugar donde duermo. Mi cama y todo lugar donde duerma está ungido. Mi cabeza está ungida. Mis hijos, mis parientes, mi familia y todos en mi morada están bajo la misma cobertura bajo la que yo estoy, que es la sangre de Jesús. Ato a todo espíritu demoniaco de la noche o pesadilla, espíritu madeja, íncubo, súcubo, lechuza y asignación de Lilith, Lamia o Lamashtu. Mis hijos son cubiertos con la sangre de Jesús, y mi muerte prematura es atada y bloqueada. Lilith y toda forma de súcubo o íncubo que podría atacar mi simiente no tiene poder. Los ángeles del Señor están apostados alrededor de mi casa. Toda asignación demoniaca de la noche y todo enemigo nocturno está bajo mis pies porque la sangre de Jesús cubre los postes y el dintel de mis puertas, y todo espíritu de muerte, del infierno y del sepulcro debe pasar de largo. Las tinieblas deben huir porque ha venido la luz. Amén.*

CAPÍTULO II

ESPÍRITUS FAMILIARES DE TERRORISMO

EL TERRORISMO ES un poderoso espíritu territorial. Es definido como el uso premeditado de la intimidación y la violencia en contra de objetivos no combatientes. Una gran parte del terrorismo que vemos en el mundo de hoy es motivado por una ideología religiosa con propósitos políticos. Tristemente, el terrorismo es un problema bastante real para nuestro país y el mundo del siglo veintiuno. El terrorismo local, también conocido como terrorismo cultivado en casa, es particularmente insidioso, y opera mediante espíritus familiares. Los terroristas locales se esconden a plena vista. Con frecuencia comienzan como niños que son nacidos en el país objetivo o son traídos al país objetivo y son criados para adaptarse a la cultura a su alrededor al mismo tiempo de que son entrenados para hacer su máximo esfuerzo por destruir esa cultura.

Los espíritus familiares operan a través de estas personas morando en ellos porque, como se mencionó anteriormente, los espíritus demoniacos tienen que adherirse a algo —personas, lugares o cosas— con el fin de operar. Las personas a las que se adhieren se vuelven vasos a través de los que estos espíritus se expresan. Una manera en la que operan estos espíritus de terrorismo es por medio de hacer que las personas que son sus «vasos» sean familiares a los que los rodean. Un terrorista puede vivir entre sus víctimas objetivo durante décadas antes de atacar.

La Escritura es clara con respecto a cómo debemos tratar con espíritus de terrorismo y todos los espíritus demoniacos: «Las armas de nuestra milicia no son carnales, sino poderosas en Dios para la destrucción de fortalezas» (2 Corintios 10:4). Cualquier general militar le puede decir que usted gana la batalla en tierra por medio de traer primero la cobertura aérea. Como cristianos, nuestra cobertura aérea es la oración fundada en la Palabra de Dios. Cuando usted esté tratando con espíritus territoriales de terrorismo, póngase sobre su rostro en su lugar de oración, ore específicamente y vea a Dios responder.

He compilado una lista de escrituras para ayudarlo en sus oraciones, así como con un glosario de nombres y términos relacionados con el terrorismo y sus definiciones. Úselos a medida que hace oraciones de guerra con el objetivo de destruir las raíces de los planes terroristas trazados por el enemigo.

Versículos bíblicos relacionados con el terror y el terrorismo

El deseo de los humildes oíste, oh Jehová; tú dispones su corazón, y haces atento tu oído, para juzgar al huérfano y al oprimido, a fin de que no vuelva más a hacer violencia el hombre de la tierra.
—Salmo 10:17–18

Apártate del mal, y haz el bien; busca la paz, y síguela.
—Salmo 34:14

No temerás el terror nocturno, ni saeta que vuele de día.
—Salmo 91:5

Seis cosas aborrece Jehová, y aun siete abomina su alma: los ojos altivos, la lengua mentirosa, las manos derramadoras de sangre inocente, el corazón que maquina pensamientos inicuos, los pies presurosos para correr al mal, el testigo falso que habla mentiras, y el que siembra discordia entre hermanos.

—Proverbios 6:16–19

Y juzgará entre las naciones, y reprenderá a muchos pueblos; y volverán sus espadas en rejas de arado, y sus lanzas en hoces; no alzará espada nación contra nación, ni se adiestrarán más para la guerra.

—Isaías 2:4

Oísteis que fue dicho: Ojo por ojo, y diente por diente. Pero yo os digo: No resistáis al que es malo; antes, a cualquiera que te hiera en la mejilla derecha, vuélvele también la otra.

—Mateo 5:38–39

Pero yo os digo: Amad a vuestros enemigos, bendecid a los que os maldicen, haced bien a los que os aborrecen, y orad por los que os ultrajan y os persiguen; para que seáis hijos de vuestro Padre que está en los cielos, que hace salir su sol sobre malos y buenos, y que hace llover sobre justos e injustos. Porque si amáis a los que os aman, ¿qué recompensa tendréis? ¿No hacen también lo mismo los publicanos? Y si saludáis a vuestros hermanos solamente, ¿qué hacéis de más? ¿No hacen también así los gentiles? Sed, pues, vosotros perfectos, como vuestro Padre que está en los cielos es perfecto.

—Mateo 5:44–48

Y oiréis de guerras y rumores de guerras; mirad que no os turbéis, porque es necesario que todo esto acontezca; pero aún no es el fin. Porque se levantará nación contra nación, y reino contra reino; y habrá pestes, y hambres, y terremotos en diferentes lugares. Y todo esto será principio de dolores.

—Mateo 24:6–8

Entonces os entregarán a tribulación, y os matarán, y seréis aborrecidos de todas las gentes por causa de mi nombre. Muchos tropezarán entonces, y se entregarán unos a otros, y unos a otros se aborrecerán. Y muchos falsos profetas se levantarán, y engañarán a muchos; y por haberse multiplicado la maldad, el amor de muchos se enfriará. Mas el que persevere hasta el fin, éste será salvo. Y será predicado este evangelio del reino en todo el mundo, para testimonio a todas las naciones; y entonces vendrá el fin.

—Mateo 24:9–14

Mas os digo, amigos míos: No temáis a los que matan el cuerpo, y después nada más pueden hacer.

—Lucas 12:4

Os expulsarán de las sinagogas; y aun viene la hora cuando cualquiera que os mate, pensará que rinde servicio a Dios.

—Juan 16:2

No os venguéis vosotros mismos, amados míos, sino dejad lugar a la ira de Dios; porque escrito está: Mía es la venganza, yo pagaré, dice el Señor. Así que, si tu enemigo tuviere hambre, dale de comer; si tuviere sed, dale de beber; pues haciendo esto, ascuas de fuego amontonarás sobre su cabeza. No seas vencido de lo malo, sino vence con el bien el mal.

—Romanos 12:19–21

Sométase toda persona a las autoridades superiores; porque no hay autoridad sino de parte de Dios, y las que hay, por Dios han sido establecidas. De modo que quien se opone a la autoridad, a lo establecido por Dios resiste; y los que resisten, acarrean condenación para sí mismos. Porque los magistrados no están para infundir temor al que hace el bien, sino al malo. ¿Quieres, pues, no temer la autoridad? Haz lo bueno, y tendrás alabanza de ella; porque es servidor de Dios para tu bien. Pero si haces lo malo, teme; porque no en vano lleva la espada, pues es servidor de Dios, vengador para castigar al que hace lo malo.

Por lo cual es necesario estarle sujetos, no solamente por razón del castigo, sino también por causa de la conciencia. Pues por esto pagáis también los tributos, porque son servidores de Dios que atienden continuamente a esto mismo. Pagad a todos lo que debéis: al que tributo, tributo; al que impuesto, impuesto; al que respeto, respeto; al que honra, honra.

—ROMANOS 13:1–7

Sed sobrios, y velad; porque vuestro adversario el diablo, como león rugiente, anda alrededor buscando a quien devorar.

—1 PEDRO 5:8

Cuando te acuestes, no tendrás temor, sino que te acostarás, y tu sueño será grato. No tendrás temor de pavor repentino, ni de la ruina de los impíos cuando viniere, porque Jehová será tu confianza, y él preservará tu pie de quedar preso.

—PROVERBIOS 3:24–26

NOMBRES, TÉRMINOS Y DEFINICIONES DE TERRORISMO

Abu Sayyaf («el que lleva la espada»)	El más pequeño de dos grupos islámicos cuya meta es establecer un estado islámico en el Sur de las Filipinas.
Agencia de Inteligencia Central (CIA)	Agencia del gobierno estadounidense responsable de reunir inteligencia en el extranjero.
agente asfixiante	Compuesto que principalmente daña el tracto respiratorio.
agente de cianuro	Líquido incoloro inhalado en forma gaseosa o absorbido por la piel en forma líquida o salina (utilizado en las cámaras de gas de los campos de concentración Nazi y por Irak en contra de los curdos en la década de 1980).
agente químico	Sustancia tóxica utilizada para debilitar, inmovilizar o matar personal militar o civil.

NOMBRES, TÉRMINOS Y DEFINICIONES DE TERRORISMO

agentes vesicantes	Agentes que provocan dolor o discapacidad en lugar de la muerte, con lo que se sobrecargan las instalaciones médicas y se provoca miedo en la población cuando se utilizan para lesionar a muchas personas al mismo tiempo.
agroterrorismo	Ataques terroristas utilizando enfermedades de animales o plantas, pestes naturales, mohos o agentes de defoliación para destruir cultivos y afectar el suministro de alimentos.
al Jazeera	Estación de televisión basada en Qatar que transmite en todo el Medio Oriente.
al Qaeda («La Base»)	Grupo terrorista internacional dedicado a oponerse a gobiernos no islámicos con fuerza y violencia.
al Tawhid	Grupo terrorista palestino que profesan el deseo de destruir tanto a Israel como al pueblo judío a lo largo de Europa.
al-Gama'a al-Islamiyya («El Grupo Islámico», GI)	Grupo islámico radical que emergió espontáneamente durante la década de 1970 después de que el presidente Sadat de Egipto liberó a miembros de la Hermandad Musulmana de la prisión.
al-Shabaab («Los Jóvenes»)	Grupo fundamentalista yihadista del Este de África involucrado en combate en contra de los «enemigos del islam» en particular el gobierno de Somalia.
amenaza simétrica	La utilización de métodos crudos o de baja tecnología para atacar a un enemigo superior o con tecnología más desarrollada.

NOMBRES, TÉRMINOS Y DEFINICIONES DE TERRORISMO	
ANFO	Poderoso explosivo elaborado con aceite combustible y fertilizante; utilizado en el primer ataque al World Trade Center, así como en el atentado de la ciudad de Oklahoma.
ántrax cutáneo	Ántrax contraído por medio de piel resquebrajada que se extiende por el torrente sanguíneo provocando cianosis, choque, transpiración y muerte.
armas de destrucción masiva	Armas que matan o hieren tanto a civiles como personal militar a gran escala, incluyendo armas nucleares, químicas y biológicas.
artefacto explosivo improvisado o bomba caminera	Una bomba hecha, entregada o disparada por métodos poco convencionales.
ataque basado en vehículo	Ataque terrorista en el que un vehículo es utilizado como el arma principal.
ataque biológico	Ataque que tiene que ver con la liberación deliberada de gérmenes y otras sustancias biológicas que provocan enfermedades.
ataque biológico	Utilización directa o indirecta de agentes biológicos para provocar daño a una población específica.
ataque químico	Ataque que tiene que ver con la liberación de agentes químicos en forma líquida, gaseosa o sólida para envenenar el ambiente o a las personas.
ataque suicida	Ataque terrorista en el que el atacante espera su propia muerte como resultado del método de ataque (p. ej., hombre bomba).
bioterrorismo	Utilización de agentes biológicos en una operación terrorista.

NOMBRES, TÉRMINOS Y DEFINICIONES DE TERRORISMO	
Boko Haram	Grupo yihadista militante nigeriano que utiliza tácticas como bombardeos suicidas y secuestros masivos de niños; está clasificada como una de las organizaciones terroristas más letales.
bomba de zapato	Artefacto explosivo improvisado empacado en los zapatos del bombardero.
bomba electromagnética (e-bomb)	Bomba que produce un breve impulso de energía que puede deshabilitar sistemas electrónicos como computadoras, radios y sistemas de transporte o destruir circuitos con el fin de llevar a una interrupción masiva de infraestructura.
bomba sucia	Bomba que provoca contaminación radiactiva localizada al liberar material residual nuclear a la atmósfera y que es llevado por el viento.
célula	La unidad más pequeña dentro de un grupo terrorista o guerrillero, que consiste generalmente de dos a cinco personas.
ciberterrorismo	Ataques a las redes o sistemas computacionales, generalmente por piratas informáticos que trabajan con los grupos terroristas o para ellos.
Cipro	Antibiótico de Bayer que combate la inhalación de ántrax.
coche bomba	Automóvil utilizado como una bomba para producir muerte y destrucción.
contraterrorismo	Medidas utilizadas para prevenir, evitar o tomar represalias en contra de ataques terroristas.
Convención de Armas Biológicas (BWC)	Grupo que busca desarmar y eliminar todas las armas de destrucción masiva.

NOMBRES, TÉRMINOS Y DEFINICIONES DE TERRORISMO	
Cuerpos de la Guardia Revolucionaria Islámica (IRGC)	Una agencia del gobierno iraní que tiene el propósito de proteger a la República Islámica de Irán; brinda entrenamiento, financiamiento y armas a otros grupos terroristas como Hezbolá y Hamas.
ecoterrorismo	Terrorismo considerado dañino para el ambiente.
Eje del Mal	Irán, Irak y Corea del Norte: llamados así por el presidente George W. Bush durante su discurso inaugural de 2002 como naciones que eran una amenaza para la seguridad de los EE. UU. debido a que albergaban terroristas.
Fatah	Partido político palestino fundado y dirigido por Yassir Arafat hasta su muerte en 2004; ha llevado a cabo ataques terroristas contra Israel desde 1964 y tomó el control de la OLP en 1968.
fatwa	Opinión jurídica de una sentencia dada por un líder religioso islámico.
Fedayín Saddam	Organización paramilitar de Irak leal al régimen de Saddam Hussein y responsable del uso de brutalidad en contra de los civiles que no eran leales a las políticas de Saddam; muchos exfedayines son ahora parte de ISIS.
Frente Popular para la Liberación de Palestina (FPLP)	Movimiento de resistencia secular palestino con ideología marxista-leninista que es parte de la OLP; conocido por secuestros de aviones y bombardeos suicidas de objetivos militares y civiles.
genocidio	La destrucción metódica e intencional de un grupo particular cultural, racial, religioso o político.

NOMBRES, TÉRMINOS Y DEFINICIONES DE TERRORISMO	
Grupo Islámico Armado (GIA)	Grupo terrorista que busca derrocar el régimen secular en Algeria y reemplazarlo con un estado islámico.
guerra bioquímica	Término colectivo para el uso de armas de guerra química y biológica.
Guerra Contra el Terrorismo	También conocida como la Guerra Global en Contra del Terrorismo; término que se aplica a la campaña militar internacional en contra de varias organizaciones terroristas que fue motivada por los ataques del 11 de septiembre de 2001.
guerra química	Utilización de sustancias tóxicas como armas; no incluye el uso de herbicidas o agentes de control de disturbios como el gas lacrimógeno o «mace».
guerrilla	Alguien que se involucra en la guerra, usualmente como miembro de un grupo pequeño independiente de combatientes con tácticas irregulares como las emboscadas y el sabotaje.
Hamas	La mayor organización fundamentalista islámica militante palestina que está involucrada tanto en el conflicto armado contra Israel como en los servicios sociales.
Hermandad Musulmana	Grupo islámico suni cuya meta es instituir la ley sharía y liberar a los países islámicos de lo que consideran un imperialismo extranjero.
Hezbolá («Partido de Alá»)	Partido político islámico chiita con sede en el Líbano y grupo militante considerado una organización terrorista por los Estados Unidos, Israel, la Unión Europea y la Liga Árabe, entre otros.

NOMBRES, TÉRMINOS Y DEFINICIONES DE TERRORISMO	
insurgente	Uno que se rebela o subleva en contra del gobierno o autoridad establecidos.
ISIS/ISIL (Estado Islámico de Irak y al-Sham/Estado Islámico de Irak y el Levante)	Un grupo terrorista yihadista islámico suni que tiene el objetivo de establecer un califato gobernado por la ley islámica, conocido por la limpieza étnica, decapitaciones, crucifixiones y otras ejecuciones de militar personal y civiles, así como por la destrucción de sitios culturales significativos.
Kataib Hezbolá	Grupo chiita paramilitar con nexos con el gobierno y el ejército iraquí, así como con Irán; conocido por su uso de minas fuera de ruta y cohetes.
Lashkar-e-Taiba («Ejército de los Buenos»)	Uno de los grupos terroristas militantes islámicos más activos y numerosos que opera en Pakistán, India, Kashmir y otras partes del Sur de Asia; tiene campamentos de entrenamiento en varios lugares de Pakistán.
magnicidio	Asesinato de un líder o persona prominente por motivos políticos.
mariscal del aire	Mariscal federal armado vestido de civil que viaja en vuelos comerciales con el fin de prevenir secuestros aéreos.
milicia	Grupo de soldados entrenados que no es parte de las fuerzas armadas de un país.
mina fuera de ruta	Artefacto explosivo improvisado colocado en la orilla del camino y detonado cuando el objetivo buscado pasa por el lugar.
misil de crucero	Misil guiado que vuela a baja altitud, siguiendo el terreno debajo de él.
munición química	Municiones diseñadas específicamente para liberar un agente químico.

NOMBRES, TÉRMINOS Y DEFINICIONES DE TERRORISMO	
municiones biológicas	Municiones diseñadas específicamente para liberar un agente biológico.
muyahidín	Soldados que participan en la yihad.
Organización para la Liberación de Palestina (OLP)	Organización con la meta de la liberación de Palestina por medio de la lucha armada.
paramilitar	Una fuerza organizada en semejanza a la milicia profesional en términos de entrenamiento y tácticas que no es parte de la milicia oficial.
portador	Fuente de la infección, como una persona o animal que porta un agente infeccioso sin síntomas visibles de la enfermedad.
precipitación radioactiva	Descenso de partículas radioactivas a través de la atmósfera como resultado de una explosión nuclear; también se puede referir a las partículas radioactivas mismas.
Radiación alfa	El tipo de radiación nuclear menos penetrante, no es considerada peligrosa a menos que entren partículas al cuerpo.
Red Haqqani	Grupo insurgente de guerrilla asociado con los talibanes que pelea en contra de las fuerzas de la OTAN y el gobierno en Afganistán.
secuestro	Robar o comandar un vehículo o avión, especialmente con un acto o amenaza de violencia.
Sendero Luminoso	Organización militante comunista peruana que utiliza el terrorismo y la guerra de guerrillas.
Talibán	Grupo fundamentalista islámico suni que libra yihad en Afganistán; conocido por masacres de civiles, trata, opresión de las mujeres y ejecuciones de trabajadores humanitarios.

NOMBRES, TÉRMINOS Y DEFINICIONES DE TERRORISMO	
terrorismo bioquímico	Terrorismo que utiliza agentes biológicos o químicos como armas.
terrorismo local	Terrorismo que tiene como objetivo la población civil de un país por uno o más de sus ciudadanos.
terrorismo químico	Utilización de agentes químicos en una operación terrorista.
transmitido por aire	Cualquier sustancia que es llevada por el aire.
yihad	Guerra santa que se libra como un deber religioso islámico
Yihad Islámica Palestina	Organización nacionalista islámica en Palestina que se opone a Israel por medio de yihad violenta.

Usted puede añadir esto a sus oraciones como se sienta dirigido:

Padre, entro en acuerdo contigo de que cada conspiración, plan y confabulación de terrorismo es anulada y cancelada y queda impotente con anticipación, para nunca manifestarse, sino que se va directo al abismo del infierno donde permanecerá. Además, entro en acuerdo contigo de que todo lugar a lo largo de nuestra nación —cada estado, cada comunidad y cada familia— es cubierta con la preciosa sangre de Jesús. Amén.

CAPÍTULO 12

MALDICIONES ACTIVADAS POR EL TIEMPO

V OY A HABLAR de maldiciones generacionales en el capítulo siguiente, pero antes de llegar a ellas, quiero explicar el concepto de las maldiciones activadas por el tiempo y cómo funcionan. Escuchamos abundante enseñanza con respecto a las maldiciones generacionales en estos días, pero uno de los aspectos más importantes de las maldiciones generacionales casi nunca se menciona: la maldición activada por el tiempo.

Una maldición activada por el tiempo es una maldición asignada que está dormida hasta el momento señalado de su manifestación. Este tipo de maldición es territorial en naturaleza porque, aunque ha sido lanzada, cumple su propósito en un momento dado. Observe que dije un «momento dado» y no un «tiempo establecido». Un tiempo establecido es fijado por Dios y no puede ser afectado por ninguna variable, pero un momento dado puede ser interrumpido por medio de oración eficaz y ferviente. Puede haber un momento dado para que se active una maldición, pero no es lo mismo que un tiempo establecido. El enemigo puede tener un momento dado para que se active una maldición, pero solamente Dios controla el tiempo establecido, y no puede ser cambiado por ninguna variable.

Exactamente, ¿qué *es* una maldición?

Una maldición es una manipulación espiritual sobre una persona, un lugar o una cosa para provocar un mal que se oponga a una bendición. Se puede escribir todo un libro con los diferentes tipos de maldiciones. Hablo de muchas de ellas en este libro, pero hay muchas más. Hay maldiciones generacionales que viajan a través del linaje, maldiciones de asociación que vienen por frecuentar a la persona equivocada, maldiciones territoriales por estar en ciertos lugares, maldiciones de palabras o maldiciones verbales, encantamientos que vienen por medio de la manipulación de espíritus y brujería, maldiciones activadas por el tiempo y más.

Sé de una instancia en la que una maldición por asociación le sucedió a un joven. Unos padres contrataron a una niñera que había sido lesbiana en el pasado y que nunca había sido liberada de ello. Ella decía que el bebé era «mi niño». Aunque no lo tocó sexualmente, se transfirió un espíritu. Los padres tenían un ambiente en su casa en el que las cosas que no eran de Dios eran expuestas. Cuando su pequeño dijo: «Soy como una niña», ellos supieron cancelar esa asignación demoniaca en su contra. Tenían el tipo de ambiente que no toleraría ese tipo de cosa. Lo echaron fuera y se deshicieron de eso. El niño recibió oración y fue liberado.

Un gobierno local en Florida trató de aprobar una ley para evitar que los pastores, médicos y padres aconsejaran a los jóvenes que estuvieran confundidos con respecto a su sexualidad. Gracias a Dios la iniciativa fue derrotada 7 a 4.[1] Todavía la batalla sigue, pero este es el tipo de cosas que son desastrosas para las personas que quieren ser libres. Las personas que son atormentadas y confundidas y saben que necesitan ayuda deberían poder obtenerla.

Con respecto a los que quieren vivir en el estilo de vida de su elección, la liberación no se les puede imponer porque se están oponiendo a los principios de Dios. Hasta que consientan en recibir liberación, lo que debe tomar lugar es la intercesión. Hay excepciones: cuando Dios hace un milagro y libera instantáneamente a alguien, como lo hizo con Pablo en el camino a Damasco. Por esta razón, tengo el cuidado de nunca poner las cosas dentro de una caja, porque Dios no opera en una caja. Por eso, a veces nos metemos en problemas en el ministerio de guerra espiritual y liberación. Tomamos una experiencia y hacemos un ministerio de ella. Así es como inician las sectas: usted tiene que ir con esta persona en este monte y tener este tipo de experiencia; entonces la gente comienza a seguir eso y a buscar ese mismo tipo de experiencia y termina en el lugar equivocado.

Personas distintas reciben liberación en maneras diferentes. Recientemente conocí a un hombre que estaba en casa en una residencia de cuidados terminales cuando el Espíritu Santo vino a su habitación y lo liberó. No tuvo que acudir con un evangelista de sanidad o recibir un paño de oración. La regla es que no hay reglas. Dios no está sujeto a las reglas porque Él es el que gobierna. Puede liberar y sanar a la gente en la forma que escoja.

La manera principal en que las maldiciones entran es a través de los sueños. Ministré a una mujer que había sido agredida sexualmente por una hermanastra cuando tenía cuatro años. Ella no podía avanzar. Comenzó a tener sueños de familiares que la perseguían en su sueño, y ella no le decía a nadie. A los dieciséis años, cuando finalmente les dijo a sus padres lo que le había sucedido, fue liberada y sanada por medio de varias sesiones con nuestro ministerio, y esas cosas nunca la volvieron a molestar. Ella es totalmente libre.

Lo oculto se trata de operar en secreto. Cuando mantenemos las cosas escondidas, el diablo obtiene poder sobre nosotros por medio de las cosas encubiertas. Si usted guarda el secreto del enemigo, él lo va a usar en su contra para atormentarlo. Una de las maneras principales en que una persona puede ser atada para siempre por una maldición es por medio de apartarse y nunca decir o revelar el secreto. No ignore lo que el diablo quiere que usted mantenga en secreto. Exponga esas cosas. Deje de vivir en negación. Reconozca las tácticas del diablo, y haga lo necesario por ser liberado.

Una manera de romper una maldición es por medio de enviarla de vuelta. Otra manera realmente poderosa de romper una maldición es mediante la consagración. Una maldición no puede permanecer en un lugar consagrado. Por eso, es importante consagrar su casa y su corazón. Una vez tuve un sueño terrible acerca de un accidente en coche. Era un choque horrible y había sido mi culpa. Fue tan real que me sentí grandemente aliviada cuando desperté de él. De inmediato comencé a atar a los demonios de accidente para que no actuaran en mí misma o en mis familiares.

> Aviso de revelación: Lo oculto se trata de operar en secreto. Cuando mantenemos las cosas escondidas, el diablo obtiene poder sobre nosotros por medio de las cosas escondidas. Si usted guarda el secreto del enemigo, él lo va a usar en su contra para atormentarlo.

MALDICIONES ACTIVADAS POR TIEMPO ANTES DEL NACIMIENTO

El capítulo veinte de Éxodo nos habla acerca de los «pecados de los padres», y una maldición que viaja a lo largo de tres a cuatro generaciones (v. 5). Esto con frecuencia se menciona como una «maldición generacional» o una «maldición de linaje». Una maldición de linaje es un camino por el que los demonios viajan para afectar las vidas de las personas de una generación a otra.

Una maldición generacional puede ser llamada un espíritu familiar porque la oscuridad viaja al linaje y se familiariza con las tendencias de los miembros de la familia. Estos espíritus llevan debilidades, adicciones, padecimientos, temperamentos y otras semillas de atadura de un familiar a otro y de una generación a otra (voy a hablar más de maldiciones generacionales en el siguiente capítulo).

A causa de esto, se pueden poner asignaciones sobre las vidas de las personas antes de que nazcan. Dios le dijo a Jeremías que lo conoció antes de nacer (Jeremías 1:5). Recuerde lo que le he estado diciendo a lo largo de este libro: para todo lo que Dios tiene, el diablo tiene una falsificación. El llamado de Dios está esperando al siguiente profeta que nazca, pero las maldiciones sobre los linajes también están esperando a la siguiente víctima que atar.

Oremos.

> Yo toco y entro en acuerdo con cada persona que esté leyendo este libro ahora. Formamos una cadena en el espíritu que vaya a través de las generaciones y a través del vientre para sanar, hacerlas libres y liberar. Padre, te agradecemos que cada cordón umbilical está ungido y que tu poder está fluyendo por cada hilo de plata para liberar vida y atar la muerte. Cada asignación en contra de los no nacidos es atada y bloqueada. Dios, unge la placenta espiritual de cada niño. Te pedimos que a medida que los niños entren en el canal del parto, sea colocado un cernidor espiritual para romper toda asignación. Sus días de nacimiento serán días benditos porque cada maldición activada por el tiempo que viaje a través del útero es rota. Amén.

Maldiciones activadas por el tiempo en la infancia temprana

> He aquí, herencia de Jehová son los hijos; cosa de estima
> el fruto del vientre. Como saetas en mano del valiente, así
> son los hijos habidos en la juventud. Bienaventurado el
> hombre que llenó su aljaba de ellos; no será avergonzado
> cuando hablare con los enemigos en la puerta.
> —Salmo 127:3–5

Los hijos son una bendición del Señor. El enemigo entiende que los niños son como saetas en las manos del valiente cuando los hombres los tienen en su juventud. Salmo 8:2 dice que por medio de la alabanza de los niños y de los lactantes se establecen fortalezas en contra del enemigo y que hacen callar al enemigo y al vengativo.

He observado que las mayores asignaciones en contra de los niños tratan de robar el plan entre las edades de cinco y ocho años. La asignación es lanzada antes de la concepción, pero al enemigo le suele gustar completar su asignación durante este tiempo. Es importante orar fervientemente por los niños en sus primeros años. He mencionado al espíritu de Lilith en este libro. Lilith es asignado para matar a un niño antes de que termine el primer año de vida.

Oremos:

> *Padre Dios, te bendigo por los niños. Yo toco y entro en acuerdo con los que están parados en la brecha en este momento. Territorialmente cubrimos a nuestros niños de las edades de uno a los doce años con la sangre de Jesús. Cada maldición activada por tiempo asignada en contra de los niños de este grupo de edad es rota.*
>
> *Declaro que a medida que los niños sean instruidos en su camino, aun cuando fueren viejos no se apartarán de él (Proverbios 22:6). Decreto que los niños serán*

enseñados por el Señor y se multiplicará su paz (Isaías
54:13). *Como los amamos, nuestros hijos serán discipli-
nados y crecerán para ser discípulos del Señor.*

*Entramos en acuerdo con Efesios 6:4, que dice que no
provoquemos a ira a nuestros hijos, sino que los criemos
en la disciplina y amonestación del Señor. Nuestros
hijos nos darán descanso y darán alegría a nuestra
alma* (Proverbios 29:17). *Amén.*

MALDICIONES ACTIVADAS POR EL TIEMPO DURANTE LOS AÑOS DE LA ADOLESCENCIA

José tenía diecisiete años cuando sus hermanos mayores lo vendieron como esclavo; no obstante, con las bendiciones del Señor,
José pudo sacar algo bueno de su difícil situación. No fue derrotado porque nunca se rindió. Su confianza en el Señor era continua. La grandeza interna de José se mostró cuando perdonó
las injusticias que le habían hecho. Creció para ser un gran líder
en Egipto a pesar de las asignaciones en contra de él de joven.

David fue un guerrero de adolescente. Mató a un oso y a un
león para salvar a las ovejas de su padre. Se levantó delante de los
ejércitos del Señor en victoria en contra de Goliat. David creció
para convertirse en un hombre conforme al corazón de Dios.

Daniel fue criado en la cautividad babilónica, junto con otros
tres muchachos hebreos. Tuvieron altos puestos como jóvenes.
A pesar de todo lo que los demás jóvenes de su época hicieron,
Daniel y los muchachos hebreos no participaron de la comida
del rey. A causa de esto, sus rostros eran más brillantes que los
de los otros jóvenes.

Oremos:

*Señor, nuestros jóvenes te necesitan ahora. Que todo
espíritu territorial que suelta maldiciones sensibles
al tiempo en contra de nuestros jóvenes sea atado*

y bloqueado. Dios, venimos en contra de cualquier asignación de presión social, abuso de sustancias, inmoralidad sexual, demencia, encarcelamiento, vida revoltosa, brujería, pobreza, padecimientos y muerte prematura en el nombre de Jesús.

Señor, te pido que estos jóvenes no sean menospreciados por su edad, sino que sean ejemplo de los creyentes en palabra, conducta, amor, espíritu, fe y pureza (1 Timoteo 4:12). Te pido que la unción de Josué esté sobre esta generación. Fuerza y valentía y la falta de temor será su porción y adondequiera que vayan, el Señor los acompañará. Amén.

MALDICIONES ACTIVADAS POR TIEMPO EN LA EDAD ADULTA

En 1 Corintios 13:11 se nos dice que cuando éramos de la edad de un niño, pensábamos, hablábamos y comprendíamos como niños, pero cuando entramos en la edad adulta, dejamos las cosas infantiles. Cuando llegamos a la edad adulta, estos son los años de rendición de cuentas. El enemigo tratará de asediarnos con cosas con las que ya no podremos salirnos con la nuestra, porque debe existir cierto nivel de madurez.

También son trampas de las que hemos escapado desde el vientre y durante los años de juventud que todavía están esperando entramparnos. Es difícil de creer que las personas pasen treinta o cuarenta años libres de drogas y esperar hasta tener cincuenta años para hacerse adictas, pero lo he visto suceder. Este es el ejemplo máximo de una maldición activada por el tiempo.

La clave para la libertad durante esta etapa de la vida es la madurez. La madurez espiritual les cierra las puertas a las maldiciones activadas por el tiempo durante la edad adulta. Esto significa que a medida que crezcamos en edad, debemos crecer en Dios.

Oremos:

> *Padre, te agradecemos por la madurez del Señor. Concédenos conforme a las riquezas de tu gloria ser fortalecidos con poder por tu Espíritu en nuestro hombre interior (Efesios 3:16). Que ya no seamos niños en nuestra manera de pensar, sino que seamos como hombres.*
>
> *Como te hemos recibido, Jesús, caminaremos en esa unción. Nos has llamado para ser arraigados y edificados en una fe establecida mientras somos enseñados en las cosas de Dios. Que nuestra conversación y nuestros pensamientos sean conducentes para darnos la sabiduría y el entendimiento de la mayoría de edad. Padre, como hemos crecido en ti, ninguna negatividad asignada para ser liberada durante este tiempo en nuestra vida prosperará. Amén.*

MALDICIONES ACTIVADAS POR EL TIEMPO DURANTE LOS AÑOS DE LA ANCIANIDAD

Dios nos promete larga vida, y es una bendición vivir hasta llegar a ser anciano. El hecho de que una persona crezca para ser madura en edad es un testimonio de que ha tenido victorias sobre el enemigo.

La mayor asignación en contra de una persona durante sus años de madurez es haber llegado tan lejos, pero nunca llegar a ver el rostro de Dios. Al interceder por las personas que se han abierto paso a través de los años, es muy importante orar en contra de la maldición activada por el tiempo de llegar a una edad madura sin haber conocido a Dios. Una peor situación es conocer a Dios en la juventud, pero crecer a los años de la madurez y darle la espalda. Confesemos estas escrituras sobre nuestros ancianos:

En los ancianos está la ciencia, y en la larga edad la inteligencia.

—Job 12:12

Y hasta la vejez yo mismo, y hasta las canas os soportaré yo; yo hice, yo llevaré, yo soportaré y guardaré.

—Isaías 46:4

Aun en la vejez y las canas, oh Dios, no me desampares, hasta que anuncie tu poder a la posteridad, y tu potencia a todos los que han de venir.

—Salmo 71:18

Por tanto, no desmayamos; antes aunque este nuestro hombre exterior se va desgastando, el interior no obstante se renueva de día en día.

—2 Corintios 4:16

No me deseches en el tiempo de la vejez; cuando mi fuerza se acabare, no me desampares.

—Salmo 71:9

Que los ancianos sean sobrios, serios, prudentes, sanos en la fe, en el amor, en la paciencia.

—Tito 2:2

La gloria de los jóvenes es su fuerza, y la hermosura de los ancianos es su vejez.

—Proverbios 20:29

Joven fui, y he envejecido, y no he visto justo desamparado, ni su descendencia que mendigue pan.

—Salmo 37:25

Las ancianas asimismo sean reverentes en su porte; no calumniadoras, no esclavas del vino, maestras del bien.

—Tito 2:3

Y dijo Jehová: No contenderá mi espíritu con el hombre para siempre, porque ciertamente él es carne; mas serán sus días ciento veinte años.

—GÉNESIS 6:3

Vendrás en la vejez a la sepultura, como la gavilla de trigo que se recoge a su tiempo.

—JOB 5:26

Oh Dios, me enseñaste desde mi juventud, y hasta ahora he manifestado tus maravillas.

—SALMO 71:17

El da esfuerzo al cansado, y multiplica las fuerzas al que no tiene ningunas.

—ISAÍAS 40:29

CAPÍTULO 13

DEMONIOS DE LA FAMILIA

¿**C**UÁNTOS MENSAJES HEMOS escuchado sobre maldiciones generacionales? ¿Cuántos libros se han escrito sobre ellas, y cuántos sermones se han predicado? No obstante, la gente sigue sin reconocer el hecho de que las maldiciones viajan a través del linaje. En este capítulo me gustaría enfocarme en los espíritus familiares que se nos adhieren por medio de maldiciones generacionales. Yo los llamo «demonios de la familia».

Las palabras *familiar* y *familia* son bastante semejantes. La definición de una familia es una unidad social básica que consiste en miembros relacionados entre sí por linaje, matrimonio o adopción. Un demonio de la familia es un espíritu familiar que opera dentro de la proximidad cercana del individuo objetivo y que viaja a lo largo del linaje. Los dos pasajes de la Escritura aquí hacen referencia a la unidad familiar y al linaje familiar.

> Y habló Dios todas estas palabras, diciendo: Yo soy Jehová tu Dios, que te saqué de la tierra de Egipto, de casa de servidumbre. No tendrás dioses ajenos delante de mí. No te harás imagen, ni ninguna semejanza de lo que esté arriba en el cielo, ni abajo en la tierra, ni en las aguas debajo de la tierra.
>
> No te inclinarás a ellas, ni las honrarás; porque yo soy Jehová tu Dios, fuerte, celoso, que visito la maldad de los padres sobre los hijos hasta la tercera y cuarta generación

de los que me aborrecen, y hago misericordia a millares, a los que me aman y guardan mis mandamientos.

—Éxodo 20:1–6

No penséis que he venido para traer paz a la tierra; no he venido para traer paz, sino espada. Porque he venido para poner en disensión al hombre contra su padre, a la hija contra su madre, y a la nuera contra su suegra; y los enemigos del hombre serán los de su casa. El que ama a padre o madre más que a mí, no es digno de mí; el que ama a hijo o hija más que a mí, no es digno de mí; y el que no toma su cruz y sigue en pos de mí, no es digno de mí. El que halla su vida, la perderá; y el que pierde su vida por causa de mí, la hallará. El que a vosotros recibe, a mí me recibe; y el que me recibe a mí, recibe al que me envió.

—Mateo 10:34–40

La palabra clave en la que me gustaría hacer énfasis es *asignación*. Jeremías dice que Dios nos conoció antes de ser formados en el vientre de nuestra madre (Jeremías 1:5). El enemigo ha estado en asignación en contra nuestra desde el vientre de nuestra madre, pero el plan de Dios es mayor que el plan del enemigo para nuestra vida. Es más grande, es mejor y es primero. Antes de que el enemigo tuviera un plan contra nosotros en el vientre, Dios ya nos conocía. La asignación se remonta hasta el vientre. Por eso, es importante que cuando estemos embarazados o cuando haya personas encintas en nuestra familia, no solo oremos por un parto seguro del bebé, sino oremos en contra de la asignación desde el vientre.

¿Qué es una maldición generacional?

Una maldición generacional o una maldición en la familia es un patrón dañino en una familia que es pasado de un miembro de la familia a otros y de una generación a otra. Las maldiciones generacionales incluyen adicciones, enfermedades y padecimientos, relaciones familiares rotas, problemas mentales y emocionales como temores irracionales y ansiedad, problemas financieros/pobreza, accidentes, muerte prematura, suicidio, contienda, discordia y otros tipos de tormento que roban su paz y bloquean las bendiciones de Dios en su vida. La rebelión y la desobediencia a la Palabra de Dios son dos de las maneras más comunes en las que las personas invitan a las maldiciones generacionales y otras asignaciones demoniacas a su vida.

Tome tiempo para examinar su vida en oración y la vida de sus familiares para discernir la desobediencia que haya abierto la puerta a la asignación de un demonio de la familia o a una maldición generacional en su linaje para que pueda arrepentirse y renunciar a ese pecado para romper la maldición.

TOME AUTORIDAD SOBRE EL DESTINO DE SU SIMIENTE

Las maldiciones generacionales son reales. Pero ese no es el final de la historia. Dios le ha dado autoridad sobre el destino de su simiente. Si usted es un padre con un hijo en el camino equivocado y está preocupado de que los errores de su pasado o de sus ancestros son la razón detrás de ello, entonces escuche las buenas noticias: nunca es demasiado tarde. No solo es el pasado lo que impacta a nuestros hijos; sino lo que estamos haciendo ahora. Todo lo que hacemos hoy afecta a nuestros hijos mañana. Comience a tomar las decisiones correctas ahora. Cuando usted escoja las bendiciones de Dios para su linaje, las maldiciones se romperán.

Comience con esta confesión:

Generoso y amoroso Padre celestial, en el nombre de tu precioso Hijo Jesús, escojo tus bendiciones y renuncio a las maldiciones. Me arrepiento de toda decisión equivocada que haya hecho que haya influenciado o este influenciando el destino de mi linaje, declarando que ningún arma forjada contra mí, mis hijos, los hijos de mis hijos y todas las generaciones por venir prosperará. Me arrepiento de las iniquidades y los pecados del pasado y del presente que podrían estar obrando en contra de mi vida, de la de mis familiares y la de mis hijos y sus descendientes. Además, declaro que toda lengua que se haya levantado en contra de mi linaje y nuestro propósito no tiene poder. Con un corazón agradecido pongo la sangre de Jesús sobre cada error, infortunio y contratiempo. Gracias, Señor.

Continúe con la oración siguiente para liberarlo a usted y a su familia de todos los demonios de la familia que podrían estar afectando su vida.

Padre celestial, con agradecimiento te reconozco como la cabeza de mi casa. Declaro la sangre de Jesús sobre mi vida y mi familia. Espíritu Santo, ven ahora y expón cada operación oculta y secreta de espíritus familiares en mi linaje.

En el nombre de Jesús, le ordeno a cada pecado generacional en las vidas de mis ancestros que se desconecte de su herencia ahora, consecuentemente son cortadas todas las herencias que fluyen en una manera rebelde a través de mi linaje. Declaro que todas las maldiciones generacionales son rotas y que las bendiciones, no maldiciones, fluyen a mis hijos y a todas mis futuras generaciones a medida que la unción del Señor permea y fluye de mi linaje a las generaciones futuras. Declaro que todos los espíritus que devoran el destino sean desplazados por el ángel del destino del Señor, deján- dolos impotentes para detener mi herencia de mi de- recho de nacimiento.

Declaro que todos nuestros hogares son lugar de la paz de Dios, donde habitamos, heredamos y poseemos la tierra. Ninguna maldición económica de esta gene- ración afectará a las generaciones venideras. Ni mis hijos serán llevados prematuramente por accidentes, in- cidentes, enfermedades, padecimientos o los afanes de este siglo. En verdad, todos viviremos vidas largas y prósperas, sirviendo a Dios en toda la eternidad. Todas las bendiciones de Dios son la herencia de mi simiente por mil generaciones. Que las palabras de esta oración queden programadas para siempre en los cielos. Amén.

Aviso de revelación: Dios le ha dado autoridad sobre el destino de su simiente. Cuando usted es- coge las bendiciones de Dios para su linaje, las maldiciones se romperán.

CAPÍTULO 14

EL PODER DE LAS SUPERSTICIONES

L OS HÁBITOS CULTURALES hacen que sea fácil que la superstición se vuelva parte de la vida normal cotidiana. Ser supersticioso no es una nueva norma. Es una tradición que ha operado abiertamente hasta el punto en que se ha vuelto subliminal e imperceptible. El propósito de este capítulo es señalar el hecho de que la superstición es un tipo de brujería suave socialmente aceptable. Mi definición de superstición es la fe crédula excesiva y reverencia a las cosas sobrenaturales fuera del poder de Dios.

La mayoría de ustedes probablemente han escuchado la canción «Superstition» [Superstición]. Aunque esta canción tiene el propósito de entretener tiene un mensaje claro: es peligroso creer en cosas que uno no entiende. El poder de la superstición no es si lo que se cree existe, sino el hecho de que ¡la gente lo cree!

Hablando bíblicamente, Dios puso algo dentro de la humanidad que es creativo. Es llamado fe. La gente de la Torre de Babel tuvo tanta fe que la Trinidad tuvo que descender a la Tierra para detenerlos de construir una torre que llegara al cielo. Tenían un solo pensamiento de construir una torre que llegara al cielo; ¡y lo estaban logrando! La fe es encendida todavía más cuando la gente está en acuerdo. Cuando las cosas que la gente cree en su corazón se conectan con las cosas que salen de su boca, genera poder.

Marcos 11:23 dice:

> Porque de cierto os digo que cualquiera que dijere a este monte: Quítate y échate en el mar, y no dudare en su corazón, sino creyere que será hecho lo que dice, lo que diga le será hecho.

Necesito ser sumamente clara. La superstición no funciona porque el diablo la hace funcionar. Funciona porque la Palabra de Dios es verdad. La gente que cree y reverencia estas cosas tiene poder creativo en su vida sea que entiendan sus raíces o no.

> **Aviso de revelación:** Cuando las cosas que la gente cree en su corazón se conectan con las cosas que salen de su boca, genera poder.

ESTADÍSTICAS SOBRE SUPERSTICIÓN

La fe en las supersticiones definitivamente se ha infiltrado en la cultura estadounidense. Un estudio reciente de estadounidenses descubrió que más de 40% se consideran supersticiosos. La superstición más común era tocar madera (que se origina en la creencia pagana de que los espíritus ayudadores vivían en los árboles), con casi un tercio de los estadounidenses admitiendo que se adhieren a esta práctica. La generación X fue la generación más supersticiosa del estudio, mientras que los mileniales eran los más aptos para creer en la suerte (como tener suerte de principiante o cruzar los dedos para buena suerte).[1]

La palabra clave es *reverencia*, que es definida como tener un profundo respeto por algo o alguien o darle atención incondicional. De chica, mi ambiente estaba plagado de cosas a las que les dábamos atención al azar por medio de decir que traían buena o mala suerte. Quizá recuerde algunas usted mismo

Mala suerte	Buena suerte
Pisar una grieta	Cruzar los dedos
Dividirse por un poste (cuando las personas que vienen caminando juntas se dividen para rodear un objeto como un poste de luz)	Tocar madera
Caminar debajo de una escalera	Soplar una planta diente de león para pedir un deseo
Un gato negro que se cruza en su camino	Echar monedas a una fuente
Romper un espejo	Encontrar un centavo, un trébol de cuatro hojas, una herradura
Abrir un paraguas bajo techo	Una olla de oro al final de un arco iris
Poner el bolso en el piso (significa que nunca tendrá dinero)	Comezón en las palmas de las manos (significa que viene dinero)
Poner un sombrero en la cama	Pozos de los deseos
Barrer los pies con una escoba (significa que nunca se va a casar)	Pedir un deseo a una estrella o a una estrella fugaz
El número 13 (viernes 13, martes 13, tener un piso 13 en un edificio, tener una fila 13 en un avión, etc.)	El número 7
Dejar que las personas tengan parte de su cabello	Casarse con algo viejo, algo nuevo, algo prestado y algo azul

Mala suerte	Buena suerte
Que el novio vea a la novia el día de la boda antes de la ceremonia	Cargar a la novia para entrar a la casa
Echar sal	Echar sal sobre el hombro

Antes de continuar, déjeme aclarar que no hay tal cosa como tener buena o mala suerte; solamente existe ser bendecido o maldecido.

Algunas supersticiones son llamadas «cuentos de viejas», como creer que un pedazo de bolsa de papel en la frente quita el hipo, que hacerle cosquillas en los pies a un bebé lo hará tartamudo o que los bebés que nacen con velos (delgadas membranas) sobre su rostro tienen dones especiales. Otras supersticiones están tan difundidas que pueden ser consideradas tradiciones como pedir un deseo después de soplar las velas de un pastel o de una torta de cumpleaños. Incluso podrían ser consideradas buenos modales como decir: «Salud», cuando alguien estornuda (esto se originó como la creencia supersticiosa de que al espíritu la persona se le debe dar la bienvenida por regresar a su cuerpo porque su corazón se detuvo al estornudar).

Las supersticiones han estado aquí por miles de años y no parece que se vayan a ir pronto. Sus orígenes antiguos parecen ridículos y primitivos, no obstante, se siguen infiltrando en la tecnología más nueva y las últimas tendencias. ¿No me cree? Solo revise su plataforma de redes sociales preferida y usted encontrará publicaciones que le prometen buena suerte si las comparte o lo amenazan con mala suerte si no.

Hay muchos ejemplos más, pero mi punto es que al creer en ellos y participar en ellos, los entretenemos y les damos poder. El problema con ser supersticiosos es que les abre la puerta a tipos de interacción sobrenatural más peligrosos. Somos espíritus. Hay una parte del hombre que tiende a conectarse naturalmente con lo sobrenatural, sea que lo creamos o no. La parte carnal y almática de la naturaleza del hombre va a batallar para entender lo sobrenatural, pero el hombre espiritual siempre tiende a las cosas del espíritu.

¡Mi punto al decir todo esto es que debemos tener cuidado con lo que creemos! Hay una diferencia entre estar al tanto de que algo existe y darle fe atenta. Yo lo llamo entretener espíritus familiares.

EN LA ENCRUCIJADA ESPIRITUAL

Leamos Ezequiel 21:21, 23:

> Porque el rey de Babilonia se ha detenido en una encrucijada, al principio de los dos caminos, para usar de adivinación; ha sacudido las saetas, consultó a sus ídolos, miró el hígado [...]
>
> Mas para ellos esto será como adivinación mentirosa, ya que les ha hecho solemnes juramentos; pero él trae a la memoria la maldad de ellos, para apresarlos.

Este pasaje de la Escritura describe al rey de Babilonia detenido en el principio de dos caminos haciendo adivinación. El rey de Babilonia representa a la fortaleza apostada en las encrucijadas. La encrucijada representa un lugar de decisión. El plan del enemigo es mantener a los creyentes atascados en una encrucijada espiritual para que no conozcan el camino por el que deben ir en la vida. Quiere desviarlos, que tomen las decisiones equivocadas y que tomen la dirección equivocada en la vida. El rey de Babilonia utilizó adivinación para recibir dirección espiritual. El resultado fue un augurio que lo envió a atacar Jerusalén. Se detuvo en la encrucijada para adivinar, y luego lanzó arietes en contra de las puertas de Jerusalén. Las Escrituras muestran que había varios líderes que eran leales al rey de Babilonia, y a causa de esta alianza infame, lo que estaba haciendo parecía como «adivinación mentirosa». Dios ordenó que estos líderes fueran derrocados y reemplazados por personas de menor estatura.

El rey participó en una forma de adivinación al leer el hígado (aruspicina). Explicaré la aruspicina un poco después en este capítulo. Es una forma perversa de manipulación espiritual y una abominación a Dios. El rey estaba en la encrucijada —necesitaba tomar una decisión—, y en lugar de recurrir a Dios para que le diera dirección, recurrió a la brujería. Al enemigo le encanta confundirnos en las encrucijadas de la vida para que vayamos en una dirección contraria a la voluntad de Dios para nuestra vida.

A lo largo de los años, el Señor siempre me ha instado a orar en contra de la hechicería de las encrucijadas y los dioses de los caminos. Ezequiel 2 trae revelación con respecto a por qué he estado orando de esta manera: «Y tú, hijo de hombre, no les temas, ni tengas miedo de sus palabras [...] Les hablarás, pues, mis palabras, escuchen o dejen de escuchar; porque son muy rebeldes» (vv. 6–7). ¿Qué dice esto acerca de la iglesia en general actualmente? Dios no está llamando a sus líderes a que sean ignorantes de las maquinaciones del enemigo, no los está llamando a que se queden atorados en las encrucijadas de la ignorancia y la falta de decisión. Los líderes serán forzados a actualizar sus tácticas de guerra. Para hacerlo, su discernimiento espiritual debe estar afilado con la verdad.

Gracias a haber ministrado a varias personas que salieron de la Santería o de la religión de Yoruba, conocí los nombres de los demonios de las encrucijadas o los demonios que eran dioses del camino. Con frecuencia hemos atado a los espíritus de Oshun y Ogun y detenido las manifestaciones de sus sacrificios. Una de las prácticas es dejar animales muertos a un costado del camino. Ellos creen que, si alimentan a los dioses del camino, lograrán lo que quieren.

Las encrucijadas son el lugar donde se suelta hechicería en

contra del avance de los creyentes. Estos espíritus que van en contra del avance afligen a muchos tras bastidores a causa de las puertas que han sido abiertas en el espíritu para someterlos. Una encrucijada espiritual es el lugar donde uno rompe:

+ La maldición del ya casi.

+ La maldición de no lo suficiente.

+ La maldición de estar afuera viendo hacia adentro.

+ La maldición del limbo, o el espíritu de estar atorado.

+ El lugar de indecisión e inseguridad.

La superstición es el poco de levadura que leuda toda la masa (Gálatas 5:9) o las zorras pequeñas que echan a perder las viñas (Cantares 2:15). Cuando le damos a lo sobrenatural demasiada atención, le damos poder. La ignorancia total de lo sobrenatural, o ignorarlo es incluso peor. El equilibrio es:

+ ¡Existe!

+ ¡Reconózcalo sin reverenciarlo!

+ ¡Mayor es el que está en nosotros (1 Juan 4:4)!

+ ¡Dios nos ha dado poder sobre toda fuerza del enemigo (Lucas 10:19)!

Manipulación espiritual

Las personas con una mentalidad carnal (incluyendo a los cristianos) se ríen y se burlan de la información que no se alinea con su intelecto secular. Lamentablemente, su ignorancia no les da alivio de la realidad de la manipulación espiritual en contra del inocente o el ignorante. Dios dice que su pueblo fue destruido por una falta de conocimiento (Oseas 4:6). Hay dos maneras en las que la gente puede recibir repercusiones de la manipulación espiritual:

1. La entretienen o le dan reverencia o la oyen.
2. La ignoran y niegan su existencia o su habilidad para influenciar la vida de los que no participan en ella.

Sea que la gente por ignorancia ore a los altares de los dioses no conocidos o que tengan una mentalidad tan carnal que solo puedan creer lo que pueden ver, pueden ser afectados sobrenaturalmente. La superstición está relacionada con los ídolos, que están vinculados con la hechicería (Hechos 17:16–23).

En la antigua Grecia las personas adoraban a un dios llamado *agnostos theos* (dios no conocido). Esta es la raíz fundamental de cómo comenzaron los agnósticos (las personas que quizá crean en Dios o no). Pablo estaba enardecido porque al entrar a la ciudad de Atenas la gente le rendía culto a muchos ídolos. Cuando Pablo vino a estar entre ellos, se burlaron de él. Los filósofos epicúreos y los estoicos lo llamaron palabrero. Llamaron su enseñanza extraña porque estaba predicando un evangelio que ellos no habían escuchado antes.

Los griegos llevaron a Pablo al Areópago (el monte de Ares, el dios griego de la guerra, también conocido como el Monte Marte) para que enseñara. No estaban interesados en el Dios de Pablo. Solo querían escuchar algo nuevo. Estaban motivados por su intelecto. Sus cerebros eran sus dioses. Tenían tanto conocimiento que se les habían acabado las cosas que aprender. Así es como opera un espíritu intelectual. Pablo reventó sus burbujas al decirles que estaban adorando ídolos y que eran religiosamente supersticiosos. Hoy, la gente que es ignorante de las cosas de Dios adora en las arenas políticas, empresariales, de entretenimiento y deportivas, que son nuestros Montes Marte modernos.

Si usted es un verdadero adorador de Dios, es etiquetado como extraño y loco.

Pero Ezequiel 21 alumbra un poco el hecho de que se puede probar la existencia de la adivinación histórica, bíblica y socialmente. El rey de Babilonia hizo tres cosas:

+ Sacudió las saetas (bellomancia).

+ Consultó a sus ídolos (terafines o dioses domésticos).

+ Miró el hígado de animales muertos (aruspicina).

La bellomancia era la práctica antigua de usar flechas para adivinar, con las flechas usualmente marcadas con símbolos ocultistas y teniendo ciertas plumas para cada método. Consultar a los terafines está relacionada directamente con los dioses domésticos (vea capítulo 5) y las maldiciones generacionales. Mirar el hígado es lo que más me llama la atención.

La aruspicina era parte de las creencias religiosas de los romanos. La gente era entrenada en este tipo de adivinación, que tenía que ver con inspeccionar las entrañas de animales sacrificados, particularmente el hígado, para obtener información. La persona que practicaba esta forma de adivinación era llamada arúspice.

Junto con estas prácticas, los reyes con frecuencia consultaban agoreros antes de tomar decisiones importantes. Los agoreros eran funcionarios romanos que estaban entrenados en la práctica de «interpretar la voluntad de los dioses por medio de estudiar el vuelo de las aves», conocido como augurio. A esta práctica se le llamaba «recibir los auspicios» y era muy común y bastante importante en la sociedad romana.[2] Los agoreros no hacían este tipo de adivinación para personas normales. Era utilizado exclusivamente por los ricos, los influyentes y poderosos. Hoy tenemos iniquidad en lugares altos que operan en teosofía (enseñanzas místicas) y teomancia (adivinación por medio de oráculos) que es el más alto nivel de manipulación espiritual mezclada con dinero y poder.

Para los que están leyendo este libro y que piensan que lo que estoy diciendo parece inverosímil, vean esto: Más de una primera dama ha invitado a un espiritista a la Casa Blanca para hacer consultas. Estos sucesos fueron minimizados cuando se dieron a conocer públicamente. Las prácticas ocultas son falsificaciones de lo que Dios provee. Él es nuestro todo en todo, nuestro sanador, nuestro proveedor y nuestro protector.

Manténgase en el camino de Dios

Para evitar las barreras de las encrucijadas en el espíritu, debemos mantenernos en el camino de Dios. Salmo 27:11 dice: «Enséñame, oh Jehová, tu camino, y guíame por senda de rectitud a causa de mis enemigos». La frase «senda de rectitud» significa: equilibrio o estar sobre un lugar nivelado de rectitud. El equilibrio es bastante importante. Hay un término, fascinación demoniaca, en mi libro *El diccionario sobre los demonios*.[3] Esto simplemente se relaciona con las personas que se sienten tan atraídas al lado oscuro que no tienen luz. Dios no quiere que nada nos consuma, especialmente las tinieblas. Ser fascinado es ser irresistiblemente atraído u obsesionado con una cosa. En otras palabras, incluso en la guerra espiritual hay equilibrio. Así como necesitamos una dieta natural balanceada, debemos tener una dieta espiritual balanceada. Hay algunos que solamente creen en Dios y no en el diablo: ¡desequilibrio! Hay algunos que creen en Dios y se enfocan demasiado en el diablo: ¡desequilibrio!

Proverbios 2:8–9 dice que Dios «guarda las veredas del juicio, y preserva el camino de sus santos», y que como resultado deberíamos entender «justicia, juicio y equidad, y todo buen camino». Proverbios 2:20–22 lo dice de esta manera:

Así andarás por el camino de los buenos, y seguirás las veredas de los justos; porque los rectos habitarán la tierra, y los perfectos permanecerán en ella, mas los impíos serán cortados de la tierra, y los prevaricadores serán de ella desarraigados.

La versión amplificada del versículo 22 dice que los traicioneros serán desarraigados y removidos violentamente. Ser traicionero es cuando una persona traiciona o engaña a otra maliciosamente. La peor manera es por medio de desprestigiar a alguien que no esté presente o decir cosas crueles y rencorosas tras las espaldas de otro.

Mientras termina la lectura de este capítulo sobre las perversiones de la manipulación espiritual que viene como resultado de que las supersticiones están arraigadas en la brujería y otras prácticas ocultistas, mi oración es que usted reciba una revelación de la verdad que lo haga libre a usted y a sus futuras generaciones. Dios no solamente lo bendecirá y lo exaltará, sino que quien se detenga en las encrucijadas en su contra será reducido a nada por Dios mismo. Que la integridad personal, la valentía moral y el carácter honorable sean su porción para siempre.

Capítulo 15

¿CUÁL ES SU SIGNO?

Un tema común de conversación social es el tema de los horóscopos. Las personas con frecuencia se preguntan unas a otras: «¿Qué signo eres?», o: «¿Cuál es tu signo del zodiaco?». Cuando les respondo a las personas: «Yo no vivo bajo los signos del zodiaco, y no creo en los horóscopos», me ven como si fuera extraña.

Yo nací a inicios de junio. Si me sometiera a las creencias de los sistemas seculares de este mundo, sería categorizada como géminis. Por el contrario, no soy géminis, y renuncio a todo horóscopo o zodiaco que quisiera gobernar sobre mi vida.

No estoy escribiendo este capítulo para juzgar la manera en que usted decide vivir. El propósito de este capítulo es traerle revelación si quiere conocer la verdad. Podría estar batallando con cosas sobrenaturales en su vida que no puede identificar. Este libro se ha escrito para ayudarlo a identificar lo que está pasando y cómo detenerlo.

Hay muchas razones por las que la gente pasa por batallas en su vida que están conectadas espiritualmente con el lado oscuro. Con frecuencia sucede porque tienen puertas abiertas o espíritus familiares por participar (yo lo llamo «jugar») en lo que piensan que son prácticas inofensivas como tablas ouija, sesiones de espiritismo, lectura de la mano, lecturas psíquicas y horóscopos.

Es mi oración que los que tienen oídos para oír lo que el Espíritu del Señor está diciendo en este capítulo no solo dejen de participar en estas cosas, sino que tengan la respuesta correcta cuando les pregunten su signo del zodiaco. La respuesta correcta es: «Las cuerdas me cayeron en lugares deleitosos, y es hermosa la heredad que me ha tocado (Salmo 16:6). Solo Dios gobierna sobre mi cabeza y Él ha enviado al ángel del destino delante de mi vida».

Déjeme presentar mi caso.

Un orden fijo en los cielos

Primero, es importante notar que hay una diferencia entre la astrología y la astronomía.

+ La astronomía es la ciencia o el estudio que trata con los objetos celestes, el espacio y el universo físico como un todo.

+ La astrología es la observación de movimientos y posiciones relativas de los cuerpos celestes que se interpreta como teniendo influencia sobre todos los asuntos humanos y el mundo natural a través del zodiaco y los horóscopos.

Veamos que es lo que dice la Palabra del Señor acerca de los cielos:

Dijo luego Dios: Haya lumbreras en la expansión de los cielos para separar el día de la noche; y sirvan de señales para las estaciones, para días y años.
—Génesis 1:14

Así ha dicho Jehová, que da el sol para luz del día, las leyes de la luna y de las estrellas para luz de la noche, que parte el mar, y braman sus ondas; Jehová de los ejércitos es su nombre: Si faltaren estas leyes delante de mí, dice Jehová, también la descendencia de Israel faltará para no ser nación delante de mí eternamente.
—Jeremías 31:35–36

Estas escrituras nos dicen que Dios estableció un orden fijo en los cielos. Podemos ver esto en la manera en la que fijó el sol y la luna para señales, estaciones, días y años, cada uno de los cuales tiene significado. Una señal puede ser un signo (o faro), un milagro o un augurio, es lo que aparece en el cielo como evidencia de ocurrencias sobrenaturales. Las estaciones de Dios se refieren a sus tiempos asignados. Sus días son diseñados para narrar nuestra vida diaria y sus años son revoluciones en el tiempo. Estas leyes están fijas en los cielos y nunca le faltarán a Dios, como está confirmado por su Palabra. Jeremías 33:25–26 dice que Israel dejará de ser una nación si estas leyes le faltan a Dios. Sabemos que esto nunca sucedería porque Israel es la niña de los ojos de Dios (Zacarías 2:8).

Dios hizo un pacto con David de que «su descendencia será para siempre, y su trono como el sol delante de mí. Como la luna será firme para siempre, y como un testigo fiel en el cielo» (Salmo 89:36–37). De hecho, Dios jura por su propia santidad que no puede ser violada: «No olvidaré mi pacto, ni mudaré lo que ha salido de mis labios. Una vez he jurado por mi santidad, y no mentiré a David» (Salmo 89:34–35). Cuando veo este pacto, veo dos cosas. Primero, Dios nos asegura la permanencia de Israel, y segundo: sella el hecho de que sus leyes serán establecidas en los cielos para siempre.

En el Salmo 119, David declara que todo el universo sirve al Señor y que seguirá haciéndolo conforme a sus leyes: «Para siempre, oh Jehová, permanece tu palabra en los cielos. De generación en generación es tu fidelidad; tú afirmaste la tierra, y subsiste. Por tu ordenación subsisten todas las cosas hasta hoy, pues todas ellas te sirven» (vv. 89–91).

Nuestro destino no está en los signos del zodiaco ni en los horóscopos, sino en la ordenación del Señor. No me mal entienda; hay información en los cielos que afecta la vida de los humanos. Pero escojo recibir mis órdenes de destino por medio de las ordenanzas del Señor.

Las ordenanzas de Dios establecen todo en orden

Creo que Dios está llamando a la iglesia del siglo XXI a un nivel de guerra espiritual que traerá el cielo a la Tierra. Solo puede suceder si entendemos las ordenanzas del Señor. *Ordenanza* se define como «un decreto o dirección autoritativa; una ley extendida por una autoridad gubernamental; algo ordenado o decretado por el destino o una deidad».[1] La palabra clave aquí es ordenar: ordenar o decretar algo oficialmente. Dios es nuestra autoridad gubernamental. Estableció su autoridad antes de la fundación del mundo, estableciendo sus leyes en los cielos antes de la creación del tiempo.

Las ordenanzas de Dios están asentadas en el cielo, establecidas por su propia mano. Él es el único autorizado para escribir la prescripción de nuestra vida. Por eso, como creyentes, tenemos el derecho dado por Jesús para presentar peticiones en las cortes del cielo para invalidar las decisiones tomadas en la Tierra. Podemos venir al trono de la gracia, la corte del cielo —nuestra máxima corte suprema y la corte de apelaciones para cada creyente nacido de nuevo— y apelar a Dios a nuestro favor.

Cuando Dios le estaba hablando a Job, hizo énfasis en aclarar quién había establecido las ordenanzas: «¿Supiste tú las ordenanzas de los cielos? ¿Dispondrás tú de su potestad en la tierra?» (Job 38:33). Entonces sigue y sigue durante varios capítulos antes de llegar al capítulo 42, donde Job reconoce a Dios como omnipotente y soberano. Si adelantamos el tiempo hasta el Nuevo Pacto en Colosenses 2:14, encontramos que la obra terminada de la cruz ha borrado todos los decretos que habían sido escritos en nuestra contra. Con la caída de Adán el enemigo decretó nuestra destrucción, pero Jesús borró todo eso en la cruz.

De hecho, borró la escritura a mano de los decretos escritos en nuestra contra.

Si usted regresa a Éxodo, el *quirógrafo* (griego para *escritura a mano*), o los decretos que estaban en nuestra contra, es el *kathab* (Éxodo 31:18), que es la escritura prescrita, o lo que había sido escrito por el dedo de Aquel que fue autorizado. Dios es el único autorizado para escribir la prescripción de nuestra vida. Por eso, está prohibido que los creyentes sometan su destino a los horóscopos o zodiacos. La Biblia dice que es imposible servir a dos señores (Mateo 6:24). O Dios tiene los destinos de nuestras vidas en sus manos o nuestros pasos son ordenados por el zodiaco, incluyendo las actividades que realizamos y nuestras acciones. Lo segundo es absolutamente falso. La Biblia declara que los pasos del hombre son ordenados por el Señor (Salmo 37:23).

Como creyentes, debemos vivir bajo un cielo abierto si es que vamos a recibir las cosas que Dios ha establecido en los cielos. Los horóscopos cerrarán el tercer cielo y abrirán el segundo cielo en las vidas de las personas que por ignorancia entretengan este espíritu familiar. *Choq*, la palabra hebrea para «ordenanza» significa: algo prescrito, un edicto, un estatuto, algo que es señalado, un orden fijo o patrón. Las Escrituras están llenas de los estatutos de Dios. Si las ordenanzas son derechos legales establecidos en los cielos por Dios, entonces cualquier otra cosa opera con una autoridad ilegal.

¡Por la preciosa sangre de Jesús, si usted es un creyente, yo arresto los pensamientos de su mente de horóscopos, astrología y zodiacos!

¿CUÁLES SON EL PRIMER, SEGUNDO Y TERCER CIELOS?

- El primer cielo es el firmamento que incluye lo que podemos ver en lo físico (el sol, la luna y las estrellas). La palabra griega es *hupsos*,

que significa: el cielo, la atmósfera superior
que se arquea sobre la Tierra.

- El segundo cielo es la morada del príncipe
de la potestad del aire, que está posicionado
entre el primero y el tercer cielos. La palabra
griega es *hupsoma*, que significa: fortaleza,
cosa alta que se exalta a sí misma en contra
de Dios.

- El tercer cielo es donde reside el Dios altísimo,
el cielo de los cielos, la sala del trono. La palabra griega es *hupsistos*, que significa: el
cielo más alto, el cielo altísimo.

El diablo coloca sus barricadas demoniacas en el segundo
cielo para bloquear la voluntad de Dios en la Tierra. Las buenas
noticias son que no importa lo duro que se esfuerce lo demoniaco no puede detener aquello que ha sido señalado en los
cielos por Dios con respecto a los tiempos establecidos de Dios.
Usted puede ser un santo que nunca camine en la plenitud de la
autoridad que Dios tiene para usted mientras esté en esta Tierra
—uno que se dirige al cielo, pero que nunca experimenta el cielo
en la Tierra— o uno que camina en el cumplimiento incondicional de la plenitud de los tiempos para los que creen.

Con el fin de recibir las promesas ilimitadas de Dios en
nuestra vida, necesitamos colocarnos en posición para que el
reino venga y la voluntad de Dios se manifieste en la Tierra. Este
lugar y tiempo de cumplimiento incondicional no es influenciado por las variables de este mundo: por personas, lugares o
cosas. De hecho, Dios está en control total y las personas, los
lugares y las cosas se alinearán con Él. Él tiene la última palabra
en todo. Nada puede cambiar el tiempo establecido de Dios. La
Biblia dice que el pueblo que conoce a su Dios se esforzará y ac-
tuará (Daniel 11:32), y esto está escrito en los cielos.

Tiempo establecido

Dios nos ha dado lo más poderoso y valioso en la Tierra: nuestro libre albedrío. Nuestra voluntad tiene la habilidad de hacernos o rompernos y la manera en que usemos nuestra voluntad en la Tierra determina donde pasaremos la eternidad. Jesús alineó en la Tierra lo que había sido ordenado para Él en el cielo cuando rindió su voluntad. Esta es la única manera en que pudo terminar lo que vino a hacer en la Tierra. Hay ordenanzas que han sido establecidas en los cielos por Dios que no pueden ser alteradas. Lo único que puede ser alterado es nuestra parte en ellas.

En el Reino de Dios un tiempo establecido es diferente de una estación. Hay dos palabras del griego antiguo para tiempo; una es *chronos*, que es el tiempo secuencial o el tiempo cronológico, y la otra es *kairos*, que indica el tiempo oportuno o el momento indicado para la acción. Es como ese preciso momento en el tiempo en el que el arquero sabe que debe soltar la flecha del arco para dar en el blanco. El dios griego para el tiempo cronológico es Chronos, más tarde conocido como el Padre Tiempo. Los eventos *chronos* son recurrentes y predecibles.

Me encanta como lo dice el salmista:

> Los cielos cuentan la gloria de Dios, y el firmamento anuncia la obra de sus manos. Un día emite palabra a otro día, y una noche a otra noche declara sabiduría. No hay lenguaje, ni palabras, ni es oída su voz. Por toda la tierra salió su voz, y hasta el extremo del mundo sus palabras. En ellos puso tabernáculo para el sol.
>
> —Salmo 19:1–4

Cuando damos a luz, sucede en un momento apropiado, pero hay variables que pueden influenciar el evento. Las fechas de alumbramiento son fluidas. La duración de un embarazo suele ser de nueve meses, pero muchas variables con frecuencia cambian la duración de un embarazo y la fecha de alumbramiento o de nacimiento de un niño. En mi caso la variable fue gemelos. Cuando una lleva dos bebés, tienden a nacer antes, haciendo que la fecha del parto sea difícil de establecer. Por estas razones, dar a luz es lo que llamo un evento no recurrente; un evento que solamente sucede en estaciones, no necesariamente en el tiempo *kairos* de Dios como en el nacimiento de Jesús.

El tiempo del nacimiento de Jesús en Belén fue establecido en el cielo. De hecho, cada detalle de su nacimiento fue establecido por Dios en los cielos para que todas las circunstancias y situaciones con respecto a ese evento se alinearan. Dios escribió este tiempo establecido en las estrellas para que los magos las siguieran. Llevó a María y a José a Belén y arregló que el nacimiento de Jesús sucediera en un pesebre para que todos los detalles, circunstancias y situaciones se alinearan conforme a su perfecta voluntad. Nada sobre el nacimiento de Jesús fue influenciado por variables.

Zodiaco contra horóscopo

Desde la historia humana más temprana conocida, parece ser que la humanidad ha puesto su mirada en los cielos para dirección. Tanto la astronomía antigua como la moderna se propusieron establecer una manera de estudiar los objetos celestes en el cielo como las galaxias, el sol, la luna, las estrellas y otros planetas. La astronomía moderna, cuyas raíces se remontan a la astronomía de la antigua Babilonia, es considerada una de las ciencias naturales.

Hay una importante diferencia entre astronomía y astrología que ha llevado a la confusión por parte de los creyentes y no creyentes. Los horóscopos actuales tienen sus orígenes en la astronomía babilónica temprana. Ordenaron el zodiaco en doce signos iguales para que correspondieran a doce meses de treinta días casa uno, los cuales, a su vez, correspondían a treinta grados de longitud, «creando así el primer sistema de coordenadas celestial».[2]

Mientras que la astronomía es una ciencia natural que estudia a los objetos celestes en el cielo, la astrología es el estudio de los cuerpos celestes y sus movimientos con el fin de influenciar los asuntos humanos y el mundo natural. Nuestros horóscopos modernos son gráficas que usan los astrólogos para predecir el futuro de una persona, y por esta razón son una abominación para Dios. Cualquier intento de pasar por alto a Dios y depender del horóscopo y no de Dios es una abominación para Dios.

Como dije antes, los misterios de Dios están escritos en los cielos, en las estrellas. Él dice tanto así en la Escritura:

> ¿Podrás tú atar los lazos de las Pléyades, o desatarás las ligaduras de Orión? ¿Sacarás tú a su tiempo las constelaciones de los cielos, o guiarás a la Osa Mayor con sus hijos? ¿Supiste tú las ordenanzas de los cielos? ¿Dispondrás tú de su potestad en la tierra?
>
> —Job 38:31–33

A lo largo de las épocas, el enemigo ha utilizado la astrología para pervertir los planes de Dios para sus constelaciones. Hay personas que adoran las constelaciones porque saben que hay información en las estrellas. De hecho, el espíritu de este siglo está arraigado en la adoración de deidades que se relacionan con el sol, la luna y las estrellas. Es importante que entendamos que Dios tiene un propósito para las constelaciones. No sea usted como los que se cruzan a un reino prohibido en pos de una palabra para su vida y al hacerlo esquivan a Dios por medio del zodiaco.

Hay información en las estrellas

Vamos a profundizar un poco más en el propósito de Dios para las constelaciones —la información en las estrellas— a partir de la Escritura. La palabra hebrea para estrella (*kowkab*) es utilizada en la Biblia para referirse a la omnisciencia de Dios y el Mesías, así como para las estrellas reales y para decir brillante como una estrella. También es una metáfora para un príncipe ilustre en Números 24:17, que profetiza acerca de Jesucristo, la ESTRELLA que saldrá de Jacob.

La Escritura nos dice que Dios creó el sol para que señoreara sobre el día, y la luna y las estrellas para señorear sobre la noche (Génesis 1:14–19). *Memshalah*, la palabra hebrea traducida «señorear» significa gobernar o tener autoridad suprema. Salmo 136:8–9 dice que Dios creó: «El sol para que señorease en el día [...] La luna y las estrellas para que señoreasen en la noche». La palabra estrellas en este pasaje significa: ángeles príncipes. Sabemos que los ángeles son los espíritus gobernadores de Dios en los cielos; por lo tanto, ellos tienen custodia sobre nosotros (Salmo 91:11). También sabemos por la Escritura que el diablo se quiere exaltar a sí mismo sobre los ángeles de Dios. Él finalmente quiere estar más alto que Dios mismo: «¡Levantaré mi trono por encima de las estrellas de Dios!» (Isaías 14:13, nvi).

Muchas personas en la iglesia dejan de lado el ministerio de los ángeles, sin saber que la Escritura los asemeja a las estrellas en el cielo. En el libro de Apocalipsis, el ángel de Dios habla acerca del misterio de las siete estrellas, que son los siete ángeles de las siete iglesias (Apocalipsis 1:20). Piénselo; los ángeles son tan significativos en la vida del pueblo de Dios que ha asignado a un ángel sobre cada una de las siete iglesias mencionadas en Apocalipsis. En el capítulo, el ángel de Dios le dice al apóstol Juan lo que estaba por venir: «También apareció otra señal en el cielo: he aquí un gran dragón escarlata, que tenía siete cabezas y diez cuernos, y en sus cabezas siete diademas; y su cola arrastraba la tercera parte de las estrellas del cielo, y las arrojó sobre la tierra» (vv. 3–4). A pesar de todos sus esfuerzos, el diablo es un enemigo derrotado. Aunque él intenta obtener el poder máximo, todos los demonios incluyendo a Satanás mismo, serán echados abajo y quedarán bajo los pies de Jesucristo en el cumplimiento del tiempo de Dios.

Cuando la vida me desafía y parece como si las cosas no están saliendo como deberían, descanso en el conocimiento de que estoy bajo el grifo donde la gloria de Dios está cayendo sobre mí. Tengo la confianza de que cuando en el plano terrenal todo lo que sucede es negativo, vivo bajo un cielo abierto. Y una parte de esa bendición de cielo abierto es porque doy mi diezmo y pago mis ofrendas a Dios. El Señor ha reprendido por mí al devorador, porque soy una hija del Rey, una heredera de Dios y una coheredera con Cristo.

Como mencioné anteriormente, me atrevo a ir en pos de la voluntad perfecta de Dios para mi vida. Olvídese de la «voluntad permisiva de Dios». Ese es un cliché de la iglesia. Cuando uno tiene una revelación de lo que realmente es la voluntad perfecta de Dios (Romanos 12:2), es fácil ir en pos de ella.

El capítulo décimo sexto del libro de los Salmos es poderoso. Cuando leí este pasaje por primera vez, recibí una revelación del propósito de Dios y su perfecta voluntad para mi vida. Entendí que tengo cuerdas o líneas personales en el espíritu trabajando tiempo extra para mí. El Antiguo Testamento habla de *chebel*, que es una porción medida. Dios tiene una porción medida, una herencia medida, para mí y para usted. Pero no experimentaremos los beneficios de nuestra *chebel* a menos que Dios sea nuestra porción única en Jesús. Tengo paz porque entiendo que todo lo que está sucediendo en mi vida me ayudará para bien porque amo al Señor y he sido llamada conforme a su propósito (Romanos 8:28). ¡Mi porción es asegurada por su propósito para mi vida! ¿Y quién la obtuvo y guardó para mí? Jesús lo hizo. Y Él constantemente nos recuerda en la Escritura que no vino a hacer su voluntad, sino la del Padre. Necesitamos dejar de pensar que sabemos mejor que Dios lo que necesitamos para nuestra vida. Dios es muy intencional en lo que ha diseñado para nuestra vida. Vaya con su perfecta voluntad para su vida conforme a las cuerdas o las líneas que han sido establecidas para usted en los cielos.

> Aviso de revelación: ¡Mi porción es asegurada por su propósito para mi vida!

ACTIVE SUS ESTRELLAS (ÁNGELES)

A continuación, hay algunas descripciones generales que encontré conforme a las características dadas por los signos del zodiaco. Incluí estas descripciones solamente a causa de las confesiones negativas que se hacen cuando se describen las personalidades bajo los diferentes signos. He puesto estas confesiones negativas en una lista por usted después de cada signo. Las confesiones negativas activan espíritus malos. «La muerte y la vida están en poder de la lengua» (Proverbios 18:21). Si usted anteriormente se describía a sí mismo de acuerdo con su signo zodiacal, es momento de confesar vida y renunciar a la muerte.

Aries, el carnero

+ Rápido y furioso
+ Arrogante
+ Egoísta
+ Impaciente

+ Obstinado
+ Retraído
+ Sarcástico
+ Descortés

Tauro, el toro

+ Obstinado
+ Ama el lujo a cualquier costo
+ Iracundo, violento

+ Volátil
+ De trato difícil
+ Saboteador

Géminis, los gemelos

+ Doble ánimo
+ Impredecible
+ Cambios de humor

Cáncer, el cangrejo

+ Gobernado por la luna
+ Contradictorio
+ Caprichoso
+ Inconstante

Leo, el león

+ De pensamientos elevados
+ Ego inflado
+ Gobernado por el sol
+ Coqueto
+ Demasiado testarudo
+ Criticón y proclive a juzgar a otros
+ Mandón y controlador

Virgo, la virgen

+ Irascible
+ Impaciente
+ Interesado
+ Demasiado testarudo, incluso sin justificación

Libra, la balanza

+ Extremista
+ Expectativas irracionales
+ Metas poco saludables
+ Gobernado por Venus

Escorpión, el escorpión

+ Malentendido
+ Reservado
+ Retraído

Sagitario, el centauro

+ Procrastinador
+ Atolondrado
+ Impaciente
+ Falto de compromiso

Capricornio, el chivo

+ No puede recibir corrección
+ Deprimido
+ Lúgubre

+ No maneja bien la oposición y la crítica

Acuario, el aguador

+ Perezoso

+ Indolente

Piscis, el pez

+ Demasiado precavido

+ Ingenuo

Sé que los ángeles están trabajando tiempo extra a mi favor. Es mi oración que usted pueda acompañarme y conectarse con el tercer cielo por medio de renunciar a los zodiacos y a los horóscopos del segundo cielo. Quiero que usted pueda obtener todo lo que Dios tiene para usted de modo que pueda ser todo lo que Él lo ha llamado a ser.

Haga esta oración en voz alta:

Padre, en el majestuoso nombre de Jesús, me coloco debajo de un cielo abierto, renuncio al segundo cielo y me conecto con el tercer cielo. Las cuerdas del Espíritu me han caído en lugares dulces y deleitosos. Tengo una buena herencia, y el ángel del destino va delante de mí. Renuncio a los horóscopos y a los zodiacos. Las semillas de la astrología se secan en mi vida y su fruto no será mi porción.

Dios, te agradezco por liberarme de la intervención del segundo cielo sobre mi vida. Las señales, estaciones, días y años de mi vida han sido ordenados por ti. Mis pasos son ordenados y mis caminos son narrados por Jesús, el Hijo del Dios altísimo. Mi tiempo está programado en los cielos. Cualquier fuerza fuera del poder de Dios está desprogramada del plan de Dios para mi vida.

Las estrellas, o los ángeles, se han alineado sobre mi cabeza, mis hijos, mi familia, mi trabajo, mi negocio, mi ministerio y todo en lo que pongo mis manos sobre el arado para hacer.

Ángeles mensajeros, suelto la palabra del Señor a mi favor.

Ángeles guerreros aten a los príncipes asignados en contra de mi destino.

Ángeles adoradores, que los cielos se abran para soltar otro nivel de adoración.

Ángeles guardianes, protejan, cubran y guíen como están llamados.

Ángel del destino, ve delante y endereza mi camino destinado. Amén.

Capítulo 16

GUERRA SUBLIMINAL

M IENTRAS ESTABA ESCRIBIENDO este capítulo, creo que Dios me dijo que Él desea traer lo que ha estado sucediendo tras bambalinas al frente, especialmente con las personas que usted piensa son sus mejores amigos. Quizá usted piense que están de su lado y que están a su favor, pero usted necesita prestar atención a lo que está sucediendo en el plano espiritual. Creo que hay cosas que le están siendo reveladas a medida que lee este libro.

Creo que el Señor me dio la palabra de que este va a ser un tiempo de restauración en su vida y que Él quiere que usted camine en el fluir de lo que tiene para usted en esta temporada. Va a haber un cambio y un desplazamiento en las personas a su alrededor y en las personas en las que confía y de las que depende, y este cambio va a provocar un fluir que hará que usted sepa que está en el lugar correcto en el momento apropiado haciendo lo que debe hacer con la gente correcta. Una vez que ese fluir comience a suceder en su vida no hay demonio del infierno que lo pueda detener de recuperarlo. Proverbios 6:31 dice que cuando usted sorprende a un ladrón, tiene que devolver siete veces: «Pero si es sorprendido, pagará siete veces; entregará todo el haber de su casa».

Titulé este capítulo «Guerra subliminal» porque es un tipo de guerra en la que usted está que funciona debajo del umbral de la conciencia. Estoy hablando acerca de lo que usted no puede ver, que no está justo delante de usted en lo natural. Es una batalla que opera debajo del umbral de la conciencia y controla y manipula el plano natural al mismo tiempo. Está relacionado con la tolerancia y la palabra tolerar. Busqué la palabra «tolerar» y significa: «permitir la existencia de algo que a uno no necesariamente le gusta o está de acuerdo». Aunque estamos familiarizados con esta definición, en este capítulo voy a desmenuzarla para usted en la manera en que se aplica a espíritus familiares.

Tiene que ver con personas que están sonriendo en su cara, mientras todo el tiempo están tratando de tomar su lugar. Antes de que continuemos, quiero que sepa que está BIEN. Esta es la norma. Esto siempre está sucediendo. Pero el cambio del que creo que Dios está hablando es que Él va a afilar su discernimiento espiritual para que vea lo que está sucediendo tras bastidores con ciertas personas en su vida. Cuando lo haga usted no va a odiar a esas personas en particular. Deje que los que odian hagan lo que los que odian están llamados a hacer. Este es el tiempo para que la iglesia haga lo que somos llamados a hacer.

Estamos viviendo en una época en la que la *tolerancia* es una palabra clave. Solo porque la gente lo tolera a usted no significa que estén a su favor. Cuando la gente lo tolera, podrían estar cumpliendo las normas actuales o probablemente están siendo pacientes con usted. Posiblemente tengan disciplina o dominio propio. Usted debería preguntarse: «¿Por qué necesitan tener disciplina o dominio propio para trabajar conmigo?». En realidad, estas personas pueden tener tanto dominio propio o disciplina que pueden estar bajo su autoridad y odiarle, sin que usted lo sepa siquiera.

Creo que este es uno de los mayores problemas en el cuerpo de Cristo hoy porque el enemigo no puede entrar a su vida a menos que un guardián le abra una puerta u algún otro punto de entrada. Dios nos dice que no le demos lugar al enemigo (Efesios 4:27). Esta asignación no es natural; es sobrenatural.

Guerra subliminal y magia compasiva

La guerra subliminal está relacionada directamente con lo que más odio: el hecho de que gente linda pueda matarlo. Y el tipo de guerra subliminal número uno que hace callar a la gente es la magia compasiva.

¿QUÉ ES LA MAGIA COMPASIVA?

En el primer volumen de mi libro *El diccionario sobre los demonios*, defino la magia compasiva como: «Herir o destruir a un enemigo por medio de dañar una imagen que nos recuerde a la víctima».[1] Pero el significado de la magia compasiva es doble porque se relaciona con jugar con las emociones de la gente por medio del control y la manipulación. Se basa en el hecho de que alguien puede entrar en contacto con algo que puede seguir afectándolo después de separarse de ello.

La magia compasiva se predica sobre la creencia de que una cosa puede afectar a otra cosa, persona o lugar a la distancia como consecuencia de una conexión compasiva. Ahora bien, ¿qué es una conexión compasiva? Es una conexión que sucede cuando permitimos que haya personas que pasen tiempo con nosotros porque les tenemos lástima o porque sabemos por lo que están pasando. ¡Esto quizá sea un despertar abrupto para usted, pero algunas veces otras personas pueden estar a su alrededor porque sienten que le están haciendo un favor o porque le tienen lástima! Estos son ejemplos de conexiones compasivas.

Creo que cuando usted lea esto, se aplicará a la temporada a la que está a punto de entrar. Cuando me llegó esta palabra en enero de 2018, decidí que era tiempo de deshacerme de todas las relaciones que posiblemente tuvieran una conexión compasiva;

ya fuera que no estaban ordenadas por Dios o que no estaban motivadas por el espíritu correcto. La palabra raíz para *motivadas* es *motivo*. ¿Qué es lo que hace que la gente haga lo que está haciendo? ¿Cuál es su motivo? Necesitamos preguntar esto con respecto a todas nuestras relaciones.

Cuando digo todas nuestras relaciones, quiero decir todas nuestras relaciones. He estado orando por muchas mujeres últimamente, y todas están diciendo justamente lo mismo. Cuando me hablan de una relación, me cuentan de cómo una persona siempre las critica o las hace sentir como si no fueran lo suficientemente buenas. Si esa es usted en este momento, déjeme decirle algo. Cuando está alrededor de alguien que la hace sentir como que nunca es suficientemente buena para él o ella, esa es una conexión compasiva, y está operando en magia compasiva; sin importar cuál sea la relación. Usted necesita a alguien en su vida que la vaya a amar cuando tenga el mejor trabajo de uñas y cuando sus uñas no luzcan bien. La persona la va a amar cuando su cabello esté bien arreglado y cuando su cabello esté desarreglado. Usted necesita encontrar a alguien que la vaya a amar y a celebrar por quién es usted.

Cual sea la relación, esté vigilante para identificar un espíritu familiar en operación. Quizá alguien la haya atraído a la relación tratándola como una reina, pero entonces después de que la conquistó, comenzó a encontrarle todas estas cosas negativas. Ese no es un caso ligero; es un fuerte caso de tolerancia.

Creo que estamos dirigiéndonos a una temporada de restauración. Con el fin de que Dios nos restaure plenamente, tenemos que estar conectados con las personas correctas, conectados en el lugar adecuado y conectados para estar haciendo lo apropiado. Todo se trata de guerra territorial. Estos son algunos pasos que creo que todos necesitamos tomar con el fin de entrar en la restauración que Dios tiene planeada.

Deshágase de todas sus conexiones compasivas

Yo soy la primera en decir: «Dios me estoy deshaciendo de toda relación que tenga una conexión compasiva por medio de magia compasiva. No necesito que haya personas que se relacionen conmigo porque me tengan lástima. No necesito que las personas se conecten conmigo porque sienten como si me estuvieran haciendo un favor».

Escucha, Dios nos dice que estemos en pacto con otras personas, y pacto significa que ambas partes, ambas personas y todas las cosas están obrando para bien de todos los involucrados. Usted no necesita estar atado a personas tóxicas con las que está solamente porque le preocupa lo que puedan pensar si no está con ellos. Con eso quiero decir que hay relaciones tóxicas —noviazgo, matrimonio, amistades, relaciones de trabajo, socios de negocios, alianzas políticas y otras— de las que usted sabe que necesita salir. No necesito describir los detalles. Usted sabe que es una relación tóxica y abusiva, pero se mantiene atado a ella por lo que la gente pueda pensar si la termina. ¡Hermano o hermana en el Señor, es mejor que irrumpa en un movimiento! Es tiempo de ser libre. Sacúdase para liberarse de cualquier persona, lugar o cosa que Dios lo esté dirigiendo a deshacerse en su vida. Ese es el primer paso en esta temporada de restauración.

Desconéctese de cualquier cosa que detenga su fluir

Espero que usted se una a mí en hacer un compromiso en este momento para desconectarse de cualquier relación o cualquier cosa que obstaculice su fluir y evitar conectarse con otras cosas o relaciones que lo obstaculicen.

Firmemente reclame lo que le debe el enemigo

Al inicio de este capítulo mencioné Proverbios 6:31. Este es uno de mis versículos favoritos. Yo vivo por este versículo. Cuando siento que el enemigo me ha robado algo, tomo una nota con adhesivo, escribo el versículo en ella, y la pego donde me lavo los dientes, donde hago el desayuno y donde me acuesto. Dice que el ladrón tendrá que devolver siete veces. ¡Incluso calculo lo mucho que he perdido, y digo en voz alta cuánto me tiene que devolver el diablo! Lo que se le debe en el espíritu vendrá a usted si lo cree y se mantiene en posición de recibirlo.

Reconozca quién está a su favor y quién está en su contra

Puedo ver en el espíritu que algunos de ustedes tienen a personas a su alrededor que están bateando o dando manotazos. Estas son las personas equivocadas alrededor de las cuales estar. Cada vez que viene su bendición, ellos la rechazan. Una manera en que hacen esto es con duda. Quizá lo estén haciendo con semillas de duda que plantan en usted o probablemente semillas de duda que plantan acerca de usted. Pero estoy diciendo: «¡Más le vale reconocerlos!». Reconozca quién está a su favor y quién está en su contra porque las Escrituras dicen que cuando usted reconoce a un ladrón, recibe un retorno de siete veces. Él no tiene que devolverle nada hasta que usted lo reconozca.

El Señor me mostró que el enemigo nos ha estado robando a través de amigos falsos, colaboradores antagónicos, familiares falsos, compañeros de juegos (compañeros que están jugando juegos) y confidentes competitivos y combativos. Ese último es muy importante. Son las personas a las que les está contando todo, las personas en las que está confiando. Como puede ver, son las personas en las que confía más, que tienen acceso a usted y que están familiarizados con usted, quienes pueden darle al enemigo lugar o el punto de entrada que él necesita para eliminarlo. Quizá se sienten en la cabecera de su mesa, están en el hospital cuando nacen sus hijos, son los primeros en llamarlo en momentos de necesidad, pero en realidad ellos literalmente lo odian.

¿Puede alguno de ustedes identificarse con lo que estoy diciendo? ¡Sé que le estoy predicando a alguien, pero le apuesto a que también hice enojar a algunos de ustedes! Si usted es una de esas personas que le está haciendo eso a alguien, necesita cambiar su posición y dejar de odiar y comenzar a celebrar a esa persona.

Confíe en su oído espiritual

Así es como usted sabrá que está en una relación compasiva: cuando la gente diga o haga cosas que lo hagan tener un momento *selah* (*selah* significa: hacer una pausa y pensar en ello). En otras palabras, usted tendrá momentos en los que se detenga y diga: «¿Por qué dijeron eso?», o: «¿Qué quería decir eso?», o: «¿Qué está pasando aquí?».

La respuesta es que el demonio —no la persona— que está operando a través de esa persona está tratando de jugar con su mente, y ese demonio va a asomar la cabeza de vez en vez y se va a revelar. Cuando sienta que eso está sucediendo, la palabra es *ous*.

El libro de Apocalipsis habla acerca de los que tienen oídos para oír. La palabra oído en este pasaje es *ous*. Su *ous* no está en su cabeza; está en su espíritu. También es llamado su «conocedor». Confíe en su *ous*. Confíe que aquello en su interior le está diciendo que algo no está bien, que le está diciendo: «No vayas allí», o: «No deberías estar haciendo eso». Sintonícese y confíe en ese oído espiritual porque su oído espiritual puede detectar guerra subliminal.

Profetícele al pueblo a su alrededor

En la Biblia, Gedeón no tenía mucha confianza. Entonces Dios lo llamó a dirigir un poderoso ejército, y Gedeón necesitaba saber quién estaba con él y quién no (vea Jueces 6–7).

Si usted quiere saber quién está con usted, usted necesita la unción profética de Dios. No estoy hablando acerca del oficio de profeta ni de que un profeta le dé una profecía. Estoy hablando del espíritu de lo profético que es accesible a cada creyente nacido de nuevo. Gedeón dijo: «¡No tengo suficientes conmigo! ¡No tengo suficientes soldados para pelear!».

Y Dios le dijo a Gedeón: «¡No te estés preocupando y tratando de comprenderlo porque, de hecho, lo que piensas que tienes, ni siquiera eso tienes!». Gedeón comenzó con miles de personas, pero para el tiempo en que Dios terminó con él, ¡no quedaban más que trescientos! Y Dios dijo: «Haz pregonar en oídos del pueblo» (vea Jueces 7:3). Otra vez allí está esa palabra «oídos», pero este es el Antiguo Testamento, y la palabra es *ozen*. *Ozen* significa: oídos que están sopesando, como balanzas para medir, los beneficios o lo que van a sacar de ello. Profetícele a los *ozen* del pueblo a su alrededor.

Quizá usted tenga personas a su alrededor debido a su posición. La gente podría estar a su lado porque usted tiene dinero. Pero un día quizá no tenga dinero o su posición podría cambiar. Probablemente tenga personas a su alrededor porque usted es hermosa y fina, pero déjeme decirle algo: la hermosura y la fineza se terminarán un día. ¿Qué sucede si usted se encuentra en una relación con alguien a causa de estas cosas temporales, y luego se enferma en el hospital o engorda cien libras? Por eso, la gente necesita tener el motivo correcto para conectarse.

Usted tiene que entender que Dios quiere que usted y yo afilemos nuestro discernimiento espiritual, que usemos y confiemos en nuestros *ous*. Escuche, no es que no tengamos discernimiento; es que no confiamos en él. ¿Cuántas veces hemos querido confirmar lo que Dios nos dice? Esta no es la temporada de preguntarle dos veces a Dios porque ya viene un barco para traerle de vuelta todo lo que el diablo le ha robado. Y yo no sé usted, pero no voy a perdérmelo por el peso muerto de personas a mi alrededor que no me tienen buena voluntad.

> **Aviso de revelación:** Escuche, no es que no tengamos discernimiento; es que no confiamos en él.

La palabra del Señor para usted es que confíe en sus *ous* y que no dependa de sus oídos naturales o de sus circunstancias naturales. Su oído natural lo va a tratar de convencer de no hacer lo correcto delante de sus ojos si no confía en sus *ous*. Escuche, yo no soy del tipo de las que voy flotando por allí y que pienso que Dios va a hacer caer todo del cielo, pero le estoy diciendo que debe tener la unción para saber que usted sabe que usted sabe que usted sabe lo que Dios tiene para usted. Y no solo saber lo que Él tiene para usted, sino también saber dónde quiere que usted esté, con quién quiere que usted se conecte y lo que Él quiere que usted esté haciendo. Eso es guerra territorial

Ejemplos bíblicos de guerra subliminal

Hay tres personas en la Biblia que tuvieron a otros a su alrededor que los odiaban: José, David y Elías. Esos solo son tres ejemplos rápidos. Hablemos primero de José.

Los hermanos de José lo odiaban a causa del favor. Por favor, anótelo. El favor es una razón por la que la gente lo va a odiar. La primera vez que leemos acerca de José en la Biblia después de la mención de su nacimiento es cuando tiene diecisiete años y acusa a sus hermanos con su padre, Jacob, quien lo había criado con un favoritismo evidente. Ni Jacob ni José manejaron la situación correctamente. Ustedes conocen el resto de la historia. La tensión y la envidia que los hermanos de José tenían en su contra se volvió tan fuerte que lo echaron en una cisterna. Y después de arrojarlo a la cisterna, lo vendieron como esclavo. ¿Qué nos enseña esto? Necesitamos saber cómo manejar el favor. Una cosa es tener favor; otra cosa es saber cómo manejarlo. Necesitamos saber cómo caminar en favor.

El siguiente es David. Él fue odiado por su llamado. Saúl tenía cada vez más celos de la fama de David y su llamado:

Cuando el ejército de Israel regresaba triunfante después que David mató al filisteo, mujeres de todas las ciudades de Israel salieron para recibir al rey Saúl. Cantaron y danzaron de alegría con panderetas y címbalos. Este era su canto: «Saúl mató a sus miles, ¡y David, a sus diez miles!».

Esto hizo que Saúl se enojara mucho. «¿Qué es esto? —dijo—. Le dan crédito a David por diez miles y a mí solamente por miles. ¡Solo falta que lo hagan su rey!». Desde ese momento Saúl miró con recelo a David.

Al día siguiente, un espíritu atormentador de parte de Dios abrumó a Saúl, y comenzó a desvariar como un loco en su casa. David tocaba el arpa, tal como lo hacía cada día. Pero Saúl tenía una lanza en la mano, y de repente se la arrojó a David, tratando de clavarlo en la pared, pero David lo esquivó dos veces. Después Saúl tenía miedo de David porque el Señor estaba con David pero se había apartado de él.

—1 Samuel 18:6–12, ntv

Se volvió bastante serio porque el llamado de David era real. Saúl no estaba equivocado con respecto al llamado de David; simplemente estaba equivocado sobre los motivos de David. David había sido llamado para ser rey. Había sido llamado para reemplazar a Saúl. Y fue odiado por ese llamado.

El último ejemplo es Elías. Él fue odiado a causa de la unción. Fue al que el malvado rey Acab de Israel llamó «el que turbas a Israel» (1 Reyes 18:17).

Entonces Abdías fue a encontrarse con Acab, y le dio el aviso; y Acab vino a encontrarse con Elías. Cuando Acab vio a Elías, le dijo: ¿Eres tú el que turbas a Israel? Y él respondió: Yo no he turbado a Israel, sino tú y la casa de tu padre, dejando los mandamientos de Jehová, y siguiendo a los baales. Envía, pues, ahora y congrégame a todo Israel en el monte Carmelo, y los cuatrocientos cincuenta profetas de Baal, y los cuatrocientos profetas de Asera, que comen de la mesa de Jezabel.

Entonces Acab convocó a todos los hijos de Israel, y reunió a los profetas en el monte Carmelo. Y acercándose Elías a todo el pueblo, dijo: ¿Hasta cuándo claudicaréis vosotros entre dos pensamientos? Si Jehová es Dios, seguidle; y si Baal, id en pos de él. Y el pueblo no respondió palabra.

—1 Reyes 18:16–21

Solo quiero que usted sepa que cuando tenga unción real, no a todos les va a simpatizar. Si usted está ungido, va a atraer problemas. Así que sacúdaselo, deje de llorar y deje de decir: «Ay de mí. ¿Por qué yo, Dios? ¿Por qué?». Le voy a decir por qué. Porque usted está ungido. Usted pidió la unción. Usted quería estar ungido.

Pero olvidó que la unción puede ser bastante solitaria. La gente lo llamará raro. La gente lo llamará loco. La gente no lo va a comprender. Pero cuando se ponga en marcha y Dios haga todo lo que está por hacer, cuando se manifieste a su favor, la gente no lo va a poder negar. Quizá digan: «No me cae bien», o: «Me da náuseas», pero entonces añadirán: «Pero algo le está funcionando a esa persona».

Quiero decretar y declarar en este momento que Dios está obrando a su favor. Estoy emocionada por la nueva temporada a la que está a punto de entrar porque la unción podría atraerle enemigos, pero al mismo tiempo, atrae prosperidad y protección. Cuando usted tiene enemigos, necesita la unción de prosperidad y protección.

Déjeme darle la conclusión y luego voy a cerrar este capítulo con una oración. En la temporada que viene, usted necesita recordar lo siguiente:

+ Deje de preguntarle a Dios, «¿Por qué yo?».
  ¿Tiene favor? ¿Ha sido llamado? ¿Está ungido?

La Biblia dice: «Muchos son llamados, y pocos escogidos» (Mateo 22:14). Usted no será escogido si no puede manejar el costo de la unción. No se preocupe de las personas que se enfadan. Usted necesita ser como el viejo eslogan de los relojes Timex. Tiene que soportar una paliza y seguir caminando. ¿Cómo espera ser ungido si no lo puede resistir? Creo que esta es la temporada no solo para recuperar lo robado, sino para ser capaces de tomarlo. Para recuperarlo, usted tiene que ser capaz de tomarlo. Quiero que piense en ello. Usted no tiene la capacidad de obtener lo que Dios tiene para usted si no puede resistir el fuego. Esa es la única manera en que va a salir como oro puro.

+ Escuche a través de sus *ous* y escuche lo que el Señor le está hablando. Deje de consultar a Dios para confirmar. Usted sabe que esa persona suele odiar y que a esa persona usted no le simpatiza. Usted sabe que esa persona no está a su favor. Deje de permitir que esa persona eche por el caño su sueño como si no hubiera sucedido.

+ No caiga en la trampa de la magia compasiva por medio de conexiones compasivas. Entienda la asignación demoniaca del acechador (vea Salmo 59:3; Proverbios 1:11; 12:6; y Jeremías 5:26). ¿Puedo poner al acechador en términos modernos? Es alguien que le sonríe en la cara mientras todo el tiempo está tratando de tomar su lugar. Los acechadores son personas que lo acuchillan por la espalda. Preste atención a las personas, lugares y cosas.

+ Hable en contra de la asignación del enemigo. No estoy diciendo que cuando alguien lo odie, usted debería señalar a la persona o maldecirla. ¡No! Usted simplemente tiene que saber con lo que está tratando y saber cuál es la asignación. Luego venir en su contra en oración. Usted no puede negar lo que está delante de usted. Necesita declararlo con su boca. No se ponga todo religioso y opere bajo la magia compasiva y diga: «Voy a orar al respecto»; o: «Voy a orar por eso». No, usted debe orar en su contra. Eso es guerra. Usted viene en su contra en oración.

+ Rodéese de las personas que lo celebran y lo reconocen. No más tolerancia. Conéctese con personas que saben que usted está ungido y bendecido. Ellos saben que Dios está haciendo cosas por usted. Ellos pueden confirmar que usted tiene dones.

Necesitamos gloriarnos los unos de los otros y desearnos bien. Necesitamos estar contentos con los éxitos de los demás y dejar de odiarnos unos a otros. Recuerde, si alguien es un hermano o una hermana en Cristo, cuando hablamos de él o de ella, estamos hablando de nosotros mismos. Es tiempo de celebrar y no de tolerar.

La gente me ha preguntado: «Kim Daniels, ¿cuál es el demonio más grande que has visto?». El demonio más grande que he visto operar en el Cuerpo de Cristo es el que lo hace pensar: «Dios, ¿cuándo es mi turno?». Usted ve a alguien ungido por Dios, y en lugar de celebrar a esa persona y de regocijarse por la manera en que Dios lo está usando, usted tiene celos de que Dios lo esté usando a él en lugar de a usted. Usted tiene resentimiento de que la vida de esa persona parezca más fácil o más bendecida que la suya. Le tengo noticias: entre más pronto usted deje de odiarlo, más pronto las bendiciones de Dios van a perseguirlo y alcanzarlo. Deje todo el odio tras de usted. Avance en esta nueva temporada celebrando a otros. A medida que lo haga, crea que Dios va a afilar su discernimiento, y ya no va a ser usado por las personas que están a su alrededor solo para obtener lo que puedan de usted. La gente ya no lo va a usar; Dios lo va a usar. Y usted va a hacer cosas grandes y poderosas en su nombre.

Ponga su mano sobre su torso debajo de las costillas y reciba estas palabras en su espíritu. Suelto esta unción sobre usted: Ya no tendrá los oídos embotados. Ya no estará apagado espiritualmente. Ya no tendrá una mente carnal cuando se trate de su provisión o protección, o cuando se trate de la voluntad de Dios para usted, sus hijos y su familia. Lo suelto para escuchar con oídos espirituales. Suelto los dones de Dios para que sean avivados dentro de usted.

Ahora, vamos a orar.

Padre, en el nombre de Jesús te bendecimos. Te glorificamos. Te agradecemos por ungirnos, llamarnos y concedernos favor. Señor, a medida que te bendigo, también bendigo a mis hermanos y hermanas. Te pido que se arrepientan de cualquier cosa que haya salido de su boca sobre un hermano o hermana en Cristo o sobre cualquier otra persona. Te pido que se comprometan con decir lo correcto a partir de ahora, que solamente tus palabras estén en sus labios de manera que sean una bendición para los demás. Dios, te agradezco que haces brillar tu rostro sobre ellos y que tendrás gracia para con ellos. Señor, te agradezco que les darás paz y que vas a permitir que sean llenos y satisfechos con tu favor.

Señor, tus bendiciones los perseguirán y los alcanzarán en este tiempo de restauración.

Dios, te agradezco por tu conectividad espiritual que cierra toda magia compasiva, conexiones compasivas y pactos compasivos. Señor, morimos a eso en este momento. Ya no vamos a pasar tiempo con la gente simplemente porque estamos preocupados de lo que van a pensar. Ya no vamos a hacer cosas solo porque pensamos que tenemos que ni estar en lugares solo porque pensamos que es lo correcto. Decimos: «Venga tu reino. Hágase tu voluntad, como en el cielo, así también en la tierra».

Señor, ordeno tu bendición sobre nuestra vida. Danos una revelación de la bendición para que a medida que venga sobre nosotros, podamos ser capaces de caminar en ella. Dios, te agradecemos que somos la simiente de Abraham y somos bendecidos por medio de Jesucristo. Recibimos múltiples bendiciones, megabendiciones y bendiciones diversas (bendiciones que vienen de todas direcciones). Te agradecemos por ríos de bendiciones y riqueza.

Dios, te agradezco que seamos hijos e hijas de las bendiciones y que cuando nuestros caminos te agraden, incluso nuestros enemigos nos llamen bienaventurados y estén en paz con nosotros. Dios, te agradezco que no solamente seamos llamados por ti, sino que seamos escogidos por ti y bendecidos por ti. Te agradecemos tu favor, por el llamado y por la unción.

Renunciamos a cada amigo falso, cada colaborador antagonista, cada familiar falso, cada socio que sea un jugador y cada confidente competitivo y combativo en el nombre de Jesús. Por cada persona que podría sentarse en nuestras cabeceras y venir a nuestros lugares de celebración con los motivos equivocados, Dios, trata con sus corazones, trata con sus motivos de adentro hacia afuera. Dios, te agradezco y te alabo que ya no sea más tolerado, sino más bien, celebrado. Te agradezco que nos celebremos unos a otros y que nos conectemos con los que quieres que estemos conectados en el espíritu. En el majestuoso nombre de Jesús vengo en contra de todo acechador que esté poniendo una emboscada, una trampa, este al acecho en privado y esperando la sangre del inocente. Y te agradezco que estás ungiendo nuestra boca y lo que sale de ella. Porque estamos en una posición correcta contigo, Tú nos liberarás a nosotros y a nuestras generaciones. Amén.

CAPÍTULO 17

EL PODER DEL AYUNO

COMO CREYENTES NUNCA deberíamos perder de vista el poder del ayuno. Jesús trajo el ayuno a la atención de sus discípulos por una razón.

> Y reprendió Jesús al demonio, el cual salió del muchacho, y éste quedó sano desde aquella hora. Viniendo entonces los discípulos a Jesús, aparte, dijeron: ¿Por qué nosotros no pudimos echarlo fuera? Jesús les dijo: Por vuestra poca fe; porque de cierto os digo, que si tuviereis fe como un grano de mostaza, diréis a este monte: Pásate de aquí allá, y se pasará; y nada os será imposible. Pero este género no sale sino con oración y ayuno.
> —MATEO 17:18–21

Para este momento ya cayó en cuenta de que no todos los espíritus y demonios son iguales. Hay diferentes términos de su maldad, su rango, su fuerza, su habilidad y su inteligencia. Usted quizá pueda deshacerse de algunos demonios, como la rebelión y el orgullo, por medio de buscar a Dios con un alto nivel de fe. Pero otros demonios, como los espíritus territoriales y los demonios familiares, van a pelear y requieren más fuerza y unción para romper su poder. Y entre más tiempo hayan estado es su vida o en la vida de sus familiares, son más difíciles de remover. Cuando Jesús dijo: «este género», reveló que hay diferentes tipos de demonios. El resto de este enunciado reveló que algunos pueden ser más tercos que otros y que en algunos casos solo van a responder con ayuno y oración.

Todos tratamos con problemas en esta vida, pero cuando usted entretiene espíritus familiares, van a generar problemas duraderos, problemas profundamente atrincherados en su vida. Estoy hablando de batallas duraderas con cosas como pobreza, enfermedad, hechicería, impureza sexual, orgullo, temor, confusión y problemas matrimoniales. Estos son mucho más serios que los problemas normales de la vida que suelen ser temporales o de fácil solución. Si se dejan sin supervisión, estas opresiones demoniacas pueden ponerle limitaciones a su vida y detenerlo de recibir de Dios. Si usted ha orado y buscado a Dios para un avance en estas áreas o para vencer otros problemas profundos, pero todavía no ha encontrado paz o victoria, es probable que esté tratando con un espíritu demoniaco muy fuerte profundamente enraizado; una fortaleza.

Las buenas noticias son que Jesús nos da las claves para romper estas fortalezas: oración y ayuno. Si usted está cansado de ser derrotado en un área de su vida, es momento de preguntarle al Señor si debe ayunar y orar al respecto. Me gusta como el apóstol John Eckhardt, mi mentor espiritual y amigo, lo dice en su libro *El ayuno para la liberación y el avance*:

> Algunas cosas requieren ayuno y oración. No hay otra manera de hacerlo. Están esos tipos de demonios que simplemente no se rinden. Son fuertes, orgullosos, arrogantes y desafiantes. Son espíritus familiares que han estado en su familia. Pero usted tiene que llegar al punto en que ya no le importa el desastre que es su familia, usted dice: «Esto se acaba conmigo. No va a haber otra generación. Se acabó, diablo. Si mi abuela o mi abuelo no se levantaron en contra de esto, si mi madre y mi padre no lo vencieron, yo lo voy a vencer. Me rehúso a ser pobre, quebrado, enfermo, rechazado o con problemas. ¡No!».
>
> Algunas veces usted tiene que hacer algo inusual, extraordinario y más allá de la norma para ver un avance.

La iglesia normal, el cristianismo normal, la predicación normal y la oración normal no van a lograr hacer el trabajo. Un poco de dulce oración no va a lograrlo. La religión no lo va a lograr. Se va a requerir una unción que destruya el yugo.

Isaías 58 habla acerca de cómo podemos romper cada yugo para remover las cargas pesadas. Ayunar hace espacio para que los oprimidos sean liberados. Ayunar rompe ataduras y genera avivamiento. Cuando esté tratando con un asunto serio —quizá esté tratando con algo que no sepa cómo manejar— lo mejor que puede hacer algunas veces es dejar de comer un rato. Ore en contra de eso. El hombre probablemente no sea capaz de ayudarlo, y es posible que no sepa cómo vencerlo, pero con Dios todas las cosas son posibles…

Las situaciones extraordinarias requieren medidas extraordinarias. Algunas veces solamente sucede cuando se desespera; cuando está tan cansado de ser derrotado y obstaculizado en esa área.

Veamos algunos milagros que no habíamos visto antes […] No una vez. No dos. Ni siquiera tres veces. Si usted tiene que ayunar más veces que esas, hágalo. No se rinda. Siga haciéndolo. Siga haciéndolo hasta que sepa que tiene la victoria, hasta que logre un avance, ¡hasta que sienta que algo se rompe!

Usted tiene que cansarse tanto del diablo que diga: «Es suficiente. Si tengo que voltear mi plato para obtener un avance en esta área, no voy a comer». Cuando su estómago comience a gritar, dígale que retroceda. ¡Al final, usted ganará y tendrá victoria![1]

Aviso de revelación: Si usted está cansado de ser derrotado en un área de su vida, es momento de preguntarle al Señor si debe ayunar y orar al respecto.

CÓMO AYUNAR

Ayunar generará resultados poderosos, sea que ayune parcial o completamente. Un ayuno parcial es cuando usted todavía come algunos alimentos y bebidas como verduras y jugos, mientras que un ayuno completo significa que se abstiene de todos los alimentos y bebe solo agua.

También hay diferentes periodos para ayunar. El apóstol Eckhardt enseña lo siguiente:

> Los ayunos constantes de un día fortalecerán su espíritu a lo largo del tiempo y le darán la habilidad de disciplinarse para ayunos más largos. Los ayunos de tres días con solo agua son una manera poderosa de ver victorias. Ester y el pueblo de Israel realizaron un ayuno de tres días cuando estaban buscando liberación de la muerte a manos de Amán, el malvado consejero del rey (Ester 4:16). Los ayunos más largos a tres días se deben llevar a cabo por personas con más experiencia en ayunar.
>
> No recomiendo los ayunos largos a menos que haya una emergencia o uno sea guiado por el Espíritu Santo para hacerlo. Daniel ayunó veintiún días y vio un gran avance para su pueblo (Daniel 9–10). Daniel también era un profeta, y Dios va a usar a los profetas para que ayunen por diferentes razones para ver avances. Jesús ayunó durante cuarenta días antes de comenzar su ministerio (Mateo 4:1–2). Moisés y Elías también ayunaron cuarenta días (Éxodo 34:28; Deuteronomio 9:9, 18; 1 Reyes 19:8). Conozco personas que han ayunado cuarenta días y que han visto grandes victorias.[2]

Creo que también es útil entender el poder del ayuno colectivo. La Biblia dice que uno puede perseguir a mil y dos pueden hacer huir a diez mil (Deuteronomio 32:30). Si ha estado orando, ayunando y buscando al Señor, y todavía no ha experimentado avance, un ayuno colectivo es otra arma poderosa en su arsenal. No deje pasar las oportunidades para participar en ayunos colectivos en su iglesia o en los ministerios que usted apoya. Usted también puede reclutar a los miembros de su familia o a algunos compañeros de oración clave para que ayunen con usted.

Consejos útiles para ayunar

+ Mientras esté ayunando, tenga cuidado de lo que permite en su espíritu por medio de conversaciones, televisión, música, la internet y sus alrededores al dormir.

+ Reemplace el alimento físico con alimentar su espíritu con alabanza y adoración, sermones y estudiar la Palabra. No le dará hambre.

+ Establezca objetivos de oración con un horario consistente. Establecer un tiempo y lugar para sus oraciones puede ayudarlo a ser consistente, intencional y enfocado.

+ La consagración personal y la comunión con Dios es importante. Aparte tiempo para hacer esto, si no solo está haciendo una dieta.

+ El tipo de ayuno no es importante. El compromiso con el ayuno que ha dedicado es la clave: «Obedecer es mejor que los sacrificios» (1 Samuel 15:22).

+ El enemigo tratará de hacerlo perder los estribos o hacerlo supersensible. Vístase de toda la armadura de Dios (Efesios 6), y no ignore las maquinaciones del enemigo.

+ Espere que venga revelación, pero mantenga el
equilibrio. La regla es permitir que Dios le traiga
la revelación a usted. No se ponga ansioso ni vaya
a conseguirla.

Sobre todo, cuando ayune, permita que sea conforme a su fe. Sea dirigido por el Señor con respecto al tipo de ayuno y la duración del ayuno y cómo modificarlo si tiene circunstancias médicas que necesitan ser consideradas en ese momento. Por ejemplo: si está tomando medicamentos, quizá quiera proteger su estómago con galletas. Incluso un ayuno corporativo no es dictatorial, sino de libre albedrío. Ejercite el suyo con sabiduría.

Recuerde, su libertad ya fue comprada por la sangre de Cristo. Deje de permitir que el enemigo le robe la victoria que le pertenece a usted y a sus futuras generaciones, aun si es una victoria que no va a suceder sin ayuno y oración.

AUTOLIBERACIÓN

L E DEDICARÉ ESTA conclusión a la autoliberación. Esto es lo más familiar que se puede poner lo familiar, porque ¡nadie más sabe de lo que necesita ser liberado como usted! Las liberaciones más poderosas que he experimentado han sido entre mí y Dios. Es importante recordar que la liberación es un proceso continuo. ¡Por eso, digo liberaciones en lugar de liberación!

> Por tanto, nosotros todos, mirando a cara descubierta como en un espejo la gloria del Señor, somos transformados de gloria en gloria en la misma imagen, como por el Espíritu del Señor.
> —2 CORINTIOS 3:18

Yo estoy continuamente buscando liberación para mi vida porque me esfuerzo a ir de un nivel de gloria al otro. Como dije antes, las cosas de las que nos rehusamos a ser liberados asediarán a las generaciones futuras como fichas de dominó que provocan que las cosas malas sigan sucediendo. La Escritura dice que podemos ir de gloria en gloria a medida que proseguimos a ser transformados más y más a la imagen y semejanza de Cristo. No permita que las fichas de dominó demoniacas lo hagan parecerse al diablo. Permita que el Espíritu Santo lo haga ver más como Jesús todos los días.

Creo que Dios quiere ministrar especialmente a los que tienen un espíritu herido. Una herida en el espíritu es algo de suma importancia. Es como la neumonía errante; pasa inadvertida, pero si no se trata, la muerte es inevitable.

No creo que sea coincidencia que al cerrar este libro yo haya sido diagnosticada con neumonía errante. Mi sanidad ya ha sido soltada, pero hace poco, cuando estaba a punto de regresar a casa de la Casa de Representantes, sentí en mi espíritu que necesitaba ir a urgencias. Tenía síntomas, pero soy una persona que le cree a Dios y se sigue moviendo. Ir a la sala de urgencias no suele ser una opción para mí, pero el dolor se había vuelto tan insoportable en la noche que me sentí impulsada a ir. Si no fuera por el dolor, hubiera continuado prosiguiendo en Dios.

Mientras escribo este último capítulo le agradezco a Dios por el dolor. Esto puede sonar loco, pero Dios permite la existencia del dolor para hacer sonar una alarma de que algo no está bien en el cuerpo.

La definición para *dolor* es incomodidad física o mental provocada por trauma, enfermedad o lesión. Me gustaría añadir *emocional* a esta definición de *dolor*. Muchas personas están sufriendo emocionalmente tan mal que tienen miedo de hablar al respecto.

Proverbios 18:14 dice: «El ánimo del hombre soportará su enfermedad; mas ¿quién soportará al ánimo angustiado?». La Nueva Traducción Viviente lo llama «espíritu destrozado» y la Nueva Biblia Latinoamericana de Hoy «espíritu quebrantado». Sea un espíritu angustiado, destrozado o quebrantado, se puede observar que el espíritu de la persona puede llegar a una condición en la que necesita sanidad.

Dios quiere que su pueblo sea liberado de las heridas espirituales y de los efectos negativos del dolor. El dolor no solo proviene de maltrato o de ataques físicos. La mayoría de las manifestaciones de este tipo de dolor se pueden detectar fácilmente. Dios quiere ir más profundo al interior para tratar con el dolor de la traición, el rechazo, la pérdida y el abuso espiritual. El abuso espiritual prevalece en la vida de la gente.

El abuso espiritual lleva a heridas espirituales que son pasadas por alto o no detectadas. Permítame definir el abuso espiritual: no se limita a las repercusiones de estar en contacto con un ministerio abusivo o actividades sectarias. El tipo de abuso espiritual al que me estoy refiriendo es cuando el espíritu de una persona ha sido maltratado o descuidado cuando hablamos de lo que debería ser impartido y de lo que debería ser dejado de lado.

Las enseñanzas de este libro han abierto dimensiones de comprensión sobre temas de los que no se suele hablar. Al abrirse a estas dimensiones, si las personas están dispuestas, recibirán una impartición de sanidad. El mundo está lleno de contaminantes que operan subliminalmente tras bastidores para provocar abuso espiritual. El bálsamo limpiador y sanador de la Palabra de Dios puede ser aplicado a las áreas afectadas de nuestra vida y traer sanidad.

He estado hablando en general, pero ahora lo quiero hacer personal. ¿Está usted batallando con los síntomas de un espíritu herido? Salmo 34:18–22 dice:

> Cercano está Jehová a los quebrantados de corazón; y salva a los contritos de espíritu. Muchas son las aflicciones del justo, pero de todas ellas le librará Jehová. El guarda todos sus huesos; ni uno de ellos será quebrantado. Matará al malo la maldad, y los que aborrecen al justo serán condenados. Jehová redime el alma de sus siervos, y no serán condenados cuantos en él confían.

Estaba buscando las palabras originales para «quebrantados de corazón». La palabra «corazón» es *leb* en hebreo. Significa: sentimientos, mente, voluntad e intelecto. Se refiere a los que son quebrantados en sus sentimientos. La palabra «quebrantado» significa: aplastar. Las buenas noticias son que Dios es especialmente cercano a los que han sido heridos de tal manera que han quedado aplastados. La palabra «espíritu» (*ruach*) significa: el viento de Dios. Vienen cosas a la vida que nos sacan de un golpe el viento de Dios. La opresión se lleva la capacidad de respiración de una persona.

He orado por muchas personas que parecen tener tubos apretados alrededor de su pecho. Esto me recuerda cómo se siente la neumonía. Es como un espíritu pitón que aprieta más cada vez que la persona trata de obtener alivio. Entre más luchan, más cautividad experimentan. Muchas personas están viviendo sus vidas realmente esperando exhalar. Pero la palabra del Señor para usted es que Dios no solo le está dando alivio; ¡le está dando una liberación! ¿Por qué conformarse con alivio temporal cuando puede tener una liberación permanente?

Lo más difícil para mí es hacer que la gente vea que los demonios no pueden entrar en su espíritu. Operan a través del plano carnal, y la hechicería es una obra de la carne. Las personas pueden ser detenidas, desalentadas, deprimidas y oprimidas en el espíritu por un espíritu herido. Esto no significa que tengan un demonio en su espíritu. (Nota: es posible que las personas con un espíritu herido tengan demonios en su carne. Ya sea que el demonio haya estado allí y que ahora se haya ido o que el demonio esté residiendo allí y necesite hacerle frente). Las flechas demoniacas que han herido a la gente en su mente o que han afectado su espíritu deben ser tratadas.

Una persona con un espíritu aplastado y colapsado es inestable en sus caminos. Escuche la conversación de la persona. Tales personas dicen una cosa en un momento y en el minuto siguiente dicen algo totalmente opuesto. Esta es una manifestación de una persona con un espíritu contrito. Un consejero santo hace más que dar buenos consejos. Él o ella tienen un oído para saber lo que está pasando con esa persona mientras la persona está manifestando su cautiverio.

Proverbios 15:13 habla de un corazón alegre y de cómo hermosea el rostro. Quiero alentarlo a que sin importar lo que esté pasando, mantenga su cabeza en alto y una sonrisa. Esta es una vez en la que condonaré que usted «aparente hasta lograrlo», porque cuando hace esto está andando por fe. Cuando las personas van por la vida feas, crueles, desagradables y tristes, están manifestando la ausencia de un corazón alegre. Un corazón alegre hace un rostro gozoso.

La próxima vez que usted vea personas crueles o experimente que las personas lo están tratando mal, entienda que se sienten miserables. No trabaje junto con el diablo en su contra porque están enfermas de corazón. Debemos poder reconocer a las personas que están batallando en la vida y orar por ellas. Probablemente estén perdiendo la razón y posiblemente estén contemplando el suicidio; por lo tanto, debemos de ser todavía más espirituales.

La Palabra de Dios es lo único que puede sanar un espíritu herido. Confiese las siguientes escrituras en voz alta y recíbalas en su hombre espiritual. Le pido a Dios que a medida que usted confiese las palabras de estas páginas, su espíritu se vuelva como una esponja y que con mansedumbre usted reciba la Palabra de Dios injertada, que tiene la habilidad de salvar su alma. Alimente su alma con estas palabras para que cuando la vida lo apriete, el agua de la Palabra de Dios sea lo que salga de usted.

> Ten misericordia de mí, oh Jehová, porque estoy enfermo; sáname, oh Jehová, porque mis huesos se estremecen.
>
> —Salmo 6:2

> Jehová Dios mío, a ti clamé, y me sanaste.
>
> —Salmo 30:2

Envió su palabra, y los sanó, y los libró de su ruina.
　　　　　　　　　　　　　　　　　—Salmo 107:20

El sana a los quebrantados de corazón, y venda sus heridas.
　　　　　　　　　　　　　　　　　—Salmo 147:3

No seas sabio en tu propia opinión; teme a Jehová, y apártate del mal; porque será medicina a tu cuerpo, y refrigerio para tus huesos.
　　　　　　　　　　　　　　　　　—Proverbios 3:7–8

Entonces nacerá tu luz como el alba, y tu salvación se dejará ver pronto; e irá tu justicia delante de ti, y la gloria de Jehová será tu retaguardia.
　　　　　　　　　　　　　　　　　—Isaías 58:8

El Señor traerá sanidad y medicina a mi familia; y nos curará, y nos revelará abundancia de paz y de verdad.
　　　　　　　　　　　　　　　　　—Jeremías 33:6

Yo sanaré su rebelión, los amaré de pura gracia; porque mi ira se apartó de ellos.
　　　　　　　　　　　　　　　　　—Oseas 14:4

¿Está alguno enfermo entre vosotros? Llame a los ancianos de la iglesia, y oren por él, ungiéndole con aceite en el nombre del Señor. Y la oración de fe salvará al enfermo, y el Señor lo levantará; y si hubiere cometido pecados, le serán perdonados. Confesaos vuestras ofensas unos a otros, y orad unos por otros, para que seáis sanados. La oración eficaz del justo puede mucho.
　　　　　　　　　　　　　　　　　—Santiago 5:14–16

Ponga sus manos sobre su vientre, y eche fuera a los siguientes espíritus:

abuso sexual	amargura
adicción	ansiedad
adivinación	antisumisión
alucinaciones	apatía

aprensión

arrogancia

asesinato

autocompasión

aversión

blasfemia

brujería y hechicería

burla

cansado de hacer el bien

celos

chisme

cleptomanía

codicia

confrontación

confusión

contaminación

contención

contienda

corazón roto

crítica

crítica mezquina

crueldad

debilidad

demencia

depresión

derrotismo

desconfianza

descontento

desesperanza

desobediencia

discusión

disputa

dolor de cabeza

dominación

duda e incredulidad

egoísmo

egolatría

engaño

enojo

envidia

error doctrinal

escapismo

espiritismo

espíritu de error

espíritu mentiroso

espíritus de ocultismo

esquizofrenia

estoicismo

falta de perdón

fantasía

fatiga

frigidez

gula

hablar tras la espalda

hacer teatro

herida

íncubo

indiferencia

inferioridad

injusticia

inquietud

insomnio

insuficiencia

intelectualismo

legalismo

lunático

mal genio
manía
materialismo
menosprecio
muerte
muerte de cuna
muerte prematura
nerviosismo
obesidad
obsesión doctrinal
obstinación
odio
olvidadizo
orgullo
paranoia
pasividad
pelea
pereza
persecución
perversión sexual
pesadez
pesadilla
pesar
pesimismo
posesividad
preocupación
procrastinación
racionalismo
rebelión

religiosidad
rencor
represalia
resentimiento
retardo
riña
ritualismo
senilidad
sensibilidad
sobrecarga
soledad
sospecha
súcubo
suicidio
temor
temor al fracaso
temor de acusación
temor de condenación
temor de desaprobación
temor de juicio
temor de reproche
temor del hombre
tensión
timidez
tristeza y lloro
vanidad
venganza
violación
violencia

Ahora levante las manos y alabe a Dios porque ¡lo ha hecho libre!

Confío que en las páginas de este libro usted ha obtenido una mejor comprensión de las influencias demoniacas que operan en su vida sin que usted lo sepa y que ahora sepa cómo romper los lazos que permiten que estos espíritus familiares continúen teniendo influencia en su vida y en su linaje. No es el plan de Dios que usted ni ninguno de sus descendientes «muera» por falta de conocimiento. En su Palabra, Dios nos da toda la sabiduría y el conocimiento necesarios para vivir piadosamente. Usted tiene lo que necesita para exponer y desechar toda maquinación del enemigo en su vida. Jesús tiene la victoria, y usted también porque Cristo en usted es la esperanza de gloria. Determine permanecer en victoria con sus ojos cerrados a lo natural y abiertos a lo sobrenatural de modo que esté en posición de recibir todo lo que Dios tiene para usted en esta vida y en la siguiente. Permita que el Espíritu le dé testimonio a su espíritu de que usted es hijo de Dios, caminando por esta vida por fe, no por vista.

A medida que terminamos, por favor, acompáñeme en esta oración por los redimidos del Señor:

> *Querido Padre, danos una revelación fresca de tus verdades para que podamos entender todas las influencias sutiles, escondidas, familiares del enemigo en nuestra vida. Queremos exponer y desechar toda actividad demoniaca que esté operando en nuestra contra y nuestro linaje. Ven ahora y cierra toda puerta lateral y todo punto de entrada que le haya dado acceso al enemigo y echa fuera toda influencia familiar no santa que se ha infiltrado por medio de nuestras propias acciones o las acciones de cualquiera en nuestro linaje. Cierra sus ojos a lo natural y ábreselos a lo sobrenatural. Posiciónanos para recibir todo lo que tienes para nosotros de modo que ya no andemos por vista sino por fe (2 Corintios 5:7). Sácanos de las áreas grises del enemigo a tu luz,*

donde podemos brillar con la plenitud de tu Espíritu para las cosas de tu Reino.

Hoy presentamos nuestros cuerpos a ti santos y agradables, declarando que conformarnos a este mundo no es una opción y abrazando el proceso de renovación de la mente que ya comenzó. Con corazones arrepentidos, cortamos y escindimos todo lazo, vínculo, cuerda y lazo del alma con el pecado colectivo o personal. Invocamos la sangre de Jesús en contra de cada acto y declaro que ningún arma forjada en mi contra prosperará.

Con agradecimiento te reconocemos como la cabeza de nuestra casa e invocamos la sangre de Jesús sobre nuestra vida y la vida de nuestras familias. Declaramos que todas nuestras casas son lugares de la paz de Dios, donde habitamos, heredamos y poseemos la tierra, y que todas las bendiciones de Dios son la herencia de nuestra simiente por mil generaciones por venir.

Con corazones agradecidos, te agradecemos que somos hijos e hijas de tus bendiciones, llamados por ti, escogidos por ti y bendecidos por ti con favor para el llamado y para la unción. ¡Amén!

NOTAS

Introducción
Cuando lo familiar se convierte en el enemigo

1. *Easton's Bible Dictionary*, s.v. «Familiar spirit» [Espíritu familiar], Bible Study Tools [Herramientas de estudio bíblico], consultado el 26 de enero de 2018, https://www.biblestudytools.com/dictionary/familiar-spirit/.

2. Matt Slick, «What Is a Familiar Spirit?» [¿Qué es un espíritu familiar?], CARM, consultado el 26 de enero de 2018, https://carm.org/what-is-a-familiar-spirit.

3. Kimberly Daniels, *El diccionario sobre los demonios*, vol. 1 (Lake Mary, FL: Casa Creación, 2013), 46 de la versión en inglés.

Capítulo 2
Los aguijones en la carne (el plano de la carne)

1. Kimberly Daniels, *¡Devuélvelo!* (Lake Mary, FL: Casa Creación, 2007).

Capítulo 5
Gobernadores de las tinieblas

1. Wikipedia, s.v. «Akuaba», última edición; 6 de octubre de 2017, https://en.wikipedia.org/wiki/Akuaba.

2. Bible Study Tools [Herramientas de estudio bíblico], s.v. «Teraphim» [terafines], consultado el 30 de enero de 2018, https://www.biblestudytools.com/dictionary/teraphim/.

3. John Dyneley Prince, Wilhelm Bacher, and M. Seligsohn, «Teraphim» [terafines]; *Jewish Encyclopedia* [Enciclopedia judía] (1906), http://www.jewishencyclopedia.com/articles/14331-teraphim.

Capítulo 7
Virtud falsificada

1. Blue Letter Bible, s.v. «'atar», consultado el 30 de enero de 2018, https://www.blueletterbible.org/lang/lexicon/lexicon.cfm?strongs=H5849&t=KJV.

2. Copyright © Kimberly Daniels en SWM.

Capítulo 9
Espíritus familiares bíblicos

1. Blue Letter Bible, *s.v.* «*thronos*», consultado el 31 de enero de 2018, https://www.blueletterbible.org/lang/lexicon/lexicon.cfm?Strongs=G2362&t=KJV.

Capítulo 10
La doble porción demoniaca

1. Kimberly Daniels, *Casa limpia o casa sólida* (Lake Mary, FL: Casa Creación, 2012).

Capítulo 12
Maldiciones activadas por el tiempo

1. Lisa Bourne, «Florida County Rejects Ban on Therapy for Gender-Confused Children» [Condado de Florida rechaza prohibición de terapia para niños con confusión de género], 10 de octubre de 2017, LifeSiteNews.com, https://www.lifesitenews.com/news/miami-dade.

Capítulo 14
El poder de las supersticiones

1. «Superstitious States» [Estados supersticiosos], Casino.org, consultado el 1 de febrero de 2018, https://www.casino.org/superstitious-states/.

2. Wikipedia, *s.v.* «Augur», última edición: 23 de diciembre de 2017, https://en.wikipedia.org/wiki/Augur.

3. Daniels, *El diccionario sobre los demonios*, vol. 1, 18.

Capítulo 15
¿Cuál es su signo?

1. *Merriam-Webster*, *s.v.* «ordinance» [ordenanza], consultado el 1 de febrero de 2018, https://www.merriam-webster.com/dictionary/ordinance.

2. Wikipedia, *s.v.* «Zodiac», última edición: 29 de enero de 2018, https://en.wikipedia.org/wiki/Zodiac.

Capítulo 16
Guerra subliminal

1. Kimberly Daniels, *El diccionario sobre los demonios*, vol. 1, *s.v.* «magia de las imágenes (también conocida como magia compasiva)» (Lake Mary, FL: Casa Creación, 2013), 156 de la versión en inglés.

Capítulo 17
El poder del ayuno

1. John Eckhardt, *El ayuno para la liberación y el avance* (Lake Mary, FL: Casa Creación, 2016), 2–3 de la versión en inglés.

2. Eckhardt, *El ayuno para la liberación y el avance*, 4 de la versión en inglés.